내 인생 첫 번째 베트남어

내 첫 베
80패턴
베트남어회화

내 인생 첫 번째 베트남어

80패턴 베트남어회화

초판 1쇄 인쇄 2023년 5월 9일
초판 1쇄 발행 2023년 5월 18일

지은이   윤선애
발행인   임충배
홍보/마케팅   양경자
편집   김인숙
디자인   정은진
펴낸곳   도서출판 삼육오(Pub.365)
제작   (주)피앤엠123

출판신고 2014년 4월 3일
등록번호 제406-2014-000035호

경기도 파주시 산남로 183-25
TEL 031-946-3196 / FAX 031-946-3171
홈페이지 www.pub365.co.kr

ISBN 979-11-92431-20-8 13730
© 2023 윤선애 & PUB.365

내첫베

Vietnamese

저자 윤선애

80패턴
베트남어회화

PUB

머리말

'베트남어?', 새로 언어를 배우려는 분들에게 베트남어는 참 낯선 언어입니다. 우리에게 어느 날 갑자기 마치 혜성처럼 등장한 낯선 언어 같기도 합니다. 또 공부를 시작하려 하니, 어느 교재로 어떻게 공부해야 할지도 막막하셨을 것으로 생각됩니다.

사실 베트남어에 대한 수요는 이전부터 꾸준히 많아지고 있습니다. 한국과 베트남의 관계가 나날이 깊어지고 있고, 이에 따라 경제, 문화적인 교류 또한 지속해서 확대되고 있습니다. 특히 한-베 FTA 체결로 인한 비즈니스인 들의 베트남어에 대한 필요성은 더욱더 커지고 있습니다.

강사로서 많은 학습자와 함께 수업하며, 어떻게 하면 더 쉽고 효율적으로 베트남어를 공부할 수 있을까?라는 고민을 참 많이 했던 것 같습니다. 이 교재는 '80가지 패턴으로 학습자분들이 하고 싶은 말을 모두 할 수 있도록 해보자!'라는 목표를 가지고 집필되었습니다.

즉, 80가지 패턴만으로도 베트남어의 기본기는 모두 잡았다고 할 수 있을 만큼, 가장 핵심적인 패턴으로 구성되어 있고, 또 복잡하지 않고 간결한 패턴으로 학습자들이 쉽게 활용할 수 있도록 하는 데 가장 많은 주안점을 두었습니다.

각각의 패턴마다, '패턴 꽉'에서는 하나의 단어부터 시작해 구로, 문장으로 조금씩 넓혀가며 자연스럽게 입에서 나올 수 있도록 구성해 놓았으며, '패턴을 활용한 문장 확장'에서는 우리가 배운 패턴에 다양한 어휘를 활용하여 어떠한 상황에서도 여러분들이 패턴을 꺼내어 적용할 수 있도록 하였습니다. 또한, 동영상 강의도 준비하여 여러분들이 저자인 저와 함께 조금 더 재밌게 베트남어를 공부하실 수 있을 거로 생각합니다.

베트남어를 처음 배우는 모든 분, 또 이미 배워보았지만 직접 말하려고 하면 여전히 막막했던 분들에게 이 교재가, 그리고 저의 강의가 그 해법을 제시해드릴 것입니다. 그동안, '베트남어???' 하고 수많은 물음표로 보냈던 지난 시간이 이제는 '베트남어!!!' 하고 자신 있게 말할 수 있게 될 날이 올 것입니다.

저자 윤선애

이 책의 특징

1. 80개 회화, 80개 문법 패턴으로 왕초보 베트남어 완성

일상생활에 꼭 필요한 80가지의 회화/문법 패턴으로 왕초보도 베트남어를 말할 수 있습니다.

2. 베트남어 기초 저자 직강 동영상 무료 제공

저자 윤선애 선생님이 직접 강의한 알파벳과 발음, 성조와 호칭에 관한 동영상 강의를 무료로 제공해 드립니다. (책 본문 INTRO QR코드)

3. 베트남어 말하기 훈련북 무료 제공

무료로 제공되는 MP3를 들으며 베트남어 회화 패턴 훈련을 언제 어디서나 할 수 있습니다.

4. 회화의 기본은 단어! 단어 노트 무료 제공

본문의 주요 단어를 알파벳 순으로 별도 정리하였습니다.

5. 외국 문화 이해하기

베트남의 특별한 문화를 만나보세요. 문화를 이해하면 베트남어 배우는 데 도움됩니다.

* 말하기 훈련북, 단어 노트 무료 제공 / www.pub365.co.kr 홈페이지

목차

INTRO 이것 만큼은, 알고 시작하자!

- 문자 012p
- 모음 014p
- 자음 015p
- 성조 018p
- 숫자 019p
- 호칭 020p

PART 1
기본 다지기 편

01장 문장을 만드는 가장 기초적인 뼈대 "기본골격"

문화 1   베트남을 대표하는 두 도시! 하노이와 호찌밍

01	~을 해요	026p
02	~을 하지 않아요	028p
03	~해요	030p
04	~하지 않아요	032p
05	~해요?	034p
06	~(이)에요	036p
07	~가 아니에요	038p
08	~(이)에요?	040p

02장 주어 또는 대상이 되는 "명사 배경 쌓기"

문화 2   아주 특별한 베트남의 기념품들

09	[지시대명사] 이 / 저 / 그것	046p
10	[명사 구분] 동물 / 사물 / 과일	048p
11	[복수] ~들	050p

03장 가장 많이 사용하는 "필수 동사 쉽게 활용하기"

문화 3   베트남의 다양한 면 음식 살펴보기

12	[소유, 존재] ~을 가지고 있어요 / ~가 있지 않아요	056p
13	[소유 여부] ~을 가지고 있어요?	058p
14	[이동] ~에 가요 / ~에 도착해요 / ~에 돌아와요	060p

15	[이동] ~하러 가요 / ~하기 위해 도착해요 / ~하러 돌아와요	062p
16	[선호와 기호] ~을 좋아해요	064p
17	[선호와 기호] ~을 원해요	066p

04장 상태를 나타내는 "형용사 다양하게 표현하기"

문화 4 베트남을 대표하는 교통수단 오토바이

18	[정도] 조금 / 꽤 / 매우 ~해요	072p
19	[정도] 매우 ~하구나!	074p
20	[동급과 비교급] ~ 만큼 / ~보다 … 해요	076p
21	[최상급] 가장 ~해요	078p

PART 2 기본 확장 편

05장 질문을 만들 때 필요한 "핵심 의문사"

문화 5 베트남에서 직접 여행 다녀보기

22	~맞죠? / ~죠?	084p
23	무엇 / 무슨	086p
24	누가 / 누구	088p
25	어느 / 어떤	090p
26	어디에 / 어디를	092p
27	언제	094p
28	왜	096p
29	어떠한	098p
30	어떻게	100p
31	기간, 개수, 가격, 나이 묻기	102p
32	날짜, 순서 묻기	104p
33	몇 시	106p
34	얼마나 오래	108p

06장 과거, 현재, 미래! 생동감 있는 문장을 만들어주는 "시제"

문화 6 베트남의 전통복 아오자이

35	[과거시제] ~했어요	114p
36	[현재시제] ~하고 있어요	116p
37	[미래시제] ~할 거예요	118p

38 [근접 과거] 막 ~했어요   120p

39 [근접 미래] 곧 ~할 것이에요   122p

07장 시제의 확장편! "완료"와 "미완료"의 표현

문화 7 베트남의 날씨

40 [완료시제] 이미 ~했어요 / 곧 ~할 거예요   128p

41 [미완료] 아직 ~하지 않았어요   130p

42 [완료 여부] ~했어요?   132p

43 [완료 여부] 곧 ~해요?   134p

44 [경험 묻기] ~해본 적 있어요?   136p

08장 동사의 성격을 결정하는 유용한 "조동사"

문화 8 베트남의 식사문화

45 [의무표현] ~하는 편이 좋겠다 / ~할 필요가 있다 /   142p
      ~해야만 한다

46 [가능] ~할 수 있어요   144p

47 [불가능] ~할 수 없어요   146p

48 [가능 여부] ~가 가능해요?   148p

49 [긍정의 수동] ~하게 되었어요   150p

50 [부정의 수동] ~을 (당하게) 되었어요   152p

PART 3 문장 완성 편

09장 동사나 형용사를 강조하는 "부사"

문화 9 베트남인이 즐겨 마시는 음료

51 [동조] 역시 ~해요   158p

52 [지속] 여전히 ~해요   160p

53 [강조] 모두 ~해요   162p

54 [한정] 오직 ~인   164p

55 [반복] 다시 ~해요   166p

56 [빈도] 보통 ~해요   168p

57 [빈도] 자주 ~해요   170p

58 [빈도] 항상 ~해요   172p

10장 특정 의미를 확정해주는 "전치사"

문화 10 베트남을 상징하는 논라

59	~하기 위해서	178p
60	~와 함께	180p
61	~로써	182p
62	~에, ~에서	184p
63	~을 위해	186p
64	~안에, ~동안	188p

11장 "제안 / 금지 / 기원"을 나타내는 특정 표현

문화 11 베트남의 주거문화

65	[명령, 제안] ~해라 / ~하자	194p
66	[금지] ~하지 마라	196p
67	[기원, 축하] ~을 기원해 / ~을 축하해	198p

12장 A-B를 대등하게 또는 대조적으로 연결하는 "기본 접속사"

문화 12 여성의 날이 두 번이나 있는 나라

68	[대등 접속사] 그리고	204p
69	[대등 접속사] 또는	206p
70	[대비 접속사] 그런데	208p
71	[대조 접속사] 그러나	210p

13장 두 개의 접속사가 결합하여 만드는 "상관 접속사"

문화 13 베트남의 가장 큰 명절 Tết (뗏)

72	A부터 B까지	216p
73	A하기 때문에 B해요	218p
74	A가 아니라 B에요	220p
75	A와 B 모두	222p
76	만약 A하면 (그러면) B해요	224p
77	비록 A일지라도 (그러나) B해요	226p
78	A하기도 하고 B하기도 해요	228p
79	A할수록 B해요	230p
80	A 외에도 B도 해요	232p

본 책은 **80개의 회화 패턴**과
80개의 문법 패턴으로 구성되어
회화와 **문법**을 동시에 효과적으로 학습합니다.

POINT 1

01 주어 + 동사 + 목적어

~을 해요

 포인트 콱!   주어 + 동사 + 목적어

- 베트남어의 기본 어순은 '주어+술어+보어'의 구조임을 기억한다.
- 베트남어의 기본 문장 골격은 〈주어+동사/형용사〉일 때와 〈주어+là명사〉일 때로 나누어진다.

이런 것을 배워요~

베트남어로 말하고자 하는 패턴을 찾아보세요. 정말 간단한 문장으로 의사표시를 제대로 할 수 있습니다. 이번에 배울 핵심 내용이니 숙지하고 다음 코너로 이동하세요.

POINT 2

문장 만들기 연습

단어부터 시작하여 완전한 문장까지 점점 길게 말할 수 있게 구성하였습니다. 여타 교재의 무작정 대화문 등을 외우는 것이 아닌 체계적인 베트남어 학습이 가능합니다.

패턴 콱!

- **học**   공부하다
  흡

- **học tiếng Việt**   나는 공부한다
  흡   띠엥   비엣

- **Tôi học tiếng Việt.**   나는 베트남어를 공부한다.
  또이 흡   띠엥   비엣

단어 học 동 공부하다 | tiếng Việt 명 베트남어

POINT 3

추가 단어/회화 학습

본문의 내용에 맞는 추가 단어 및 관련 회화를 공부합니다. 부족한 어휘 또는 표현은 본 코너를 통해 점점 더 풍성해집니다.

어휘 더하기!

일상과 관련된 기본 동사

〈주어+동사+목적어〉 구문에 일상과 관련된 아래의 기본 동사들을 넣어 표현을 확장할 수 있다.

thức dậy	일어나다	ngủ	자다
ăn	먹다	uống	마시다
học	공부하다	làm	일하다, 하다, 만들다
nói	말하다	nghe	듣다
đọc	읽다	viết	쓰다
đi	가다	xem	보다(시청하다)

POINT 4

패턴 문장 연습 확장

학습한 패턴을 활용하여 여러 문장에 적용해 봅니다. 어떤 문장들을 만들어 베트남어로 말할 수 있을지 연습을 해보세요. 무료로 제공해드리는 단어장을 다운로드 받으셔서 끼워만 넣으시면 말하고 싶은 문장 완성!!!

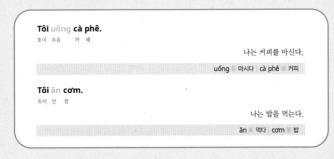

Tôi uống cà phê.
또이 우옹 까 페

나는 커피를 마신다.

| uống | 마시다 | cà phê | 커피 |

Tôi ăn cơm.
또이 안 껌

나는 밥을 먹는다.

| ăn | 먹다 | cơm | 밥 |

POINT 5

문화를 알아야
베트남어를 이해한다!

외국어를 잘하려면 그 나라 문화를 이해해야 한다고 하지요. 우리 문화와 베트남 문화에 대해 무엇이 다른지 베트남 사람들의 일상을 알아보세요.

01 베트남을 대표하는 두 도시! 하노이와 호찌밍

(사진 : travel-hanoi.com)

베트남의 지형은 긴 S자 형태로, 북쪽과 남쪽의 거리 차이가 상당한 편이다. 두 지역은 한 나라에 속해 있지만, 기후부터 언어(발음), 사람들의 생활 방식 및 성향에서도 큰 차이를 보인다. 북쪽과 남쪽을 대표하는 도시로는 베트남의 수도인 하노이(Hà Nội)와 경제 중심지인 호찌밍(Thành phố Hồ Chí Minh) 이 있다.

먼저 수도 하노이를 살펴보면 '강 안에 있는 내륙 (Hà Nội/ 河內 하내) 이라는 이름의 유래

INTRO 이것만큼은, 알고 시작하자!

문자

• 베트남어 문자는 기본 29개의 알파벳으로 되어 있으며, 영어의 'F, J, W, Z'자가 없고 Ă, Â, Đ, Ê, Ô, Ơ, Ư가 추가로 구성되어 있다.

문자		명칭		예			
대문자	소문자						
A	a	a	아	áo 아오	옷	ai 아이	누구
Ă	ă	á	아	ăn 안	먹다	ắp 압	가득찬
Â	â	ớ	어	ấm 엄	주전자	nấu 너우	요리하다
B	b	bê	베	bò 버	소	bàn 반	테이블
C	c	xê	쎄	cá 까	물고기	cây 꺼이	나무
D	d	dê	제	dừa 즈(으)	코코넛	dễ 제에	쉬운
Đ	đ	đê	데	đá 다	얼음	đũa 두어	젓가락
E	e	e	애	én 앤	제비	xem 쌤	보다
Ê	ê	ê	에	ếch 에익	개구리	tên 뗀	이름
G	g	giê	지에	gà 가	닭	ghế 게	의자
H	h	hát	핫	hổ 호	호랑이	hoa 호아	꽃
I	i	i (ngắn)	이 (응안)	tai 따이	귀	in 인	인쇄하다

K	k	ca	까	kem 깸	아이스크림	kẹo 깨오	사탕
L	l	e-lờ	애러	lá 라	잎	lê 레	(과일) 배
M	m	em-mờ	앰머	mũi 무이	코	cam 깜	오렌지
N	n	en-nờ	엔너	nón 넌	모자	nĩa 니어	포크
O	o	o	오	chó 쩌	개	Ong 옹	벌
Ô	ô	ô	오	ô 오	우산	thôi 토이	그만두다
Ơ	ơ	ơ	어	cờ 꺼	국기	ớt 얻	고추
P	P	pê	뻬	pin 삔	건전지	thấp 텁	낮은
Q	q	cu	꾸	quạt 꽏	부채	quần 꾸언	바지
R	r	e-rờ	애러	răng 장(랑)	치아	râu 져(러)우	수염
S	s	ét-si	앳시	sữa 쓰어	우유	sao 싸오	별
T	t	tê	떼	tay 따이	손	tiền 띠엔	돈
U	u	u	우	rùa 쥬(루)어	거북이	tuổi 뚜오이	나이
Ư	ư	ư	으	ưng 응	(동물)매	mưa 므어	비
V	v	vê	베	vở 붜	노트	vườn 브언	마당
X	x	ích-xi	익씨	xoài 쏘아이	망고	xe 쌔	자동차
Y	y	i (dài)	이 (자이)	y tá 이따	간호사	yêu 이에우	사랑하다

모음 – 단모음

문자	발음	예			
A a	아	anh 아잉	형(오빠)	ba 바	숫자 3
Ă ă	짧은 아	ăn 안	먹다	bắc 박	북쪽
Â â	짧은 어	âm 엄	소리	trâu 쩌우	황소
E e	애	tre 째	대나무	mẹ 매	어머니
Ê ê	에	đêm 뎀	밤	mềm 멤	부드러운
I i	짧은 이	in 인	인쇄하다	tai 따이	귀
Y y	긴 이	y tá 이따	간호사	cay 까이	매운
O o	오/어 (중간 발음)	nho 뇨	포도	chó 쪼	개
Ô ô	오	số 쏘	숫자	Ông 옴	할아버지
Ơ ơ	긴 어	ở 어	~에서	phở 퍼	쌀국수
U u	우	uống 우옹	마시다	cũ 꾸	오래된
Ư ư	으	ưa 으어	애호하는	cứng 끙	단단한

14

- 베트남어는 단모음 외, 2중 모음 또는 3중 모음이 있으며 이 때에는 음의 변화없이 단모음의 발음 그대로 이어 발음한다. 단, 예외적으로 〈자음 + ia, ua, ưa〉의 형태인 경우 끝발음을 '아'가 아닌 '어'로 발음한다.

〈자음 + ia, ua, ưa〉의 예시			
자음 +	ia	mía 미어 사탕수수	thìa 티어 숟가락
	ua	cua 꾸어 게	chùa 쭈어 사원
	ưa	cửa 끄어 문	xưa 쓰어 옛날의

- 베트남어는 단모음 외, 2중 모음 또는 3중 모음이 있으며 이 때에는 음의 변화없이 단모음의 발음 그대로 이어 발음한다. 단, 예외적으로 〈자음 + ia, ua, ưa〉의 형태인 경우 끝발음을 '아'가 아닌 '어'로 발음한다.

문자	발음	예	
B b	ㅂ	bạn 반 친구	bay 바이 날다
C c	첫 자음 ㄲ	Cá 까 생선	
	끝 자음 ㄱ o, ô, ơ, u + c ㅂ	bác 박 큰아버지 큰어머니	cốc 꼽 컵
D d	ㅈ [영어 발음 z] 남부 ㅇ	da 쟈(야) 피부	dễ 제(예) 쉬운
Đ đ	ㄷ	đá 다 얼음	đũa 두어 젓가락

G g	ㄱ	gà 가	닭	gương 그엉	거울
H h	ㅎ	hai 하이	숫자 2	heo 해오	돼지
K k	ㄲ	kem 껨	아이스크림	kéo 깨오	가위
L l	ㄹ	lá 라	잎	lâu 러우	오랜
M m	ㅁ	mưa 므어	계절	cơm 껌	밥
N n	ㄴ	nói 너이	말하다	bàn 반	테이블
P p	첫 자음 ㅃ 끝 자음 ㅂ	pin 삔	배터리	mập 멉	뚱뚱한
Q q	꾸	quê 꿰	고향	quà 꾸아	선물
R r	ㅈ [영어 발음 Z] 남부 ㄹ	rau 자(라)우	채소	rượu 즈(르)어우	술
S s	ㅆ	sân 썬	마당	sữa 쓰어	우유
T t	첫 자음 ㄸ 끝 자음 ㄷ	tay 따이	손	một 몯	숫자 1
V v	ㅂ [영어 발음 V] 일부 남부 ㅇ	vuông 부옹	정사각형	vẽ 배	그리다
X x	ㅆ	xoài 쏘아이	망고	xin 씬	요청하다

* 베트남어의 단자음 중 C, G, K, Q는 다음의 모음과만 결합하여 사용한다.

C + a, ă, â, o, ô, ơ, u, ư / G + a, ă, â, o, ô, ơ, u, ư / K + e, ê, i, y / Q + u

자음 – 복자음

문자	발음	예					
ch	첫 자음 ㅉ 끝 자음 익	chị 찌	누나(언니)		rách 쟈(라)익	찢어진	
gh	ㄱ	ghế 게	의자		ghép 갭	연결하다	
gi	ㅈ [영어 발음 z]	gì 지	무엇		gió 져	바람	
kh	ㅋ	khi 키	~할때		khen 캔	칭찬하다	
ng	첫 자음 응 끝 자음 ㅇ/ㅁ	ngày 응 아이	날		nặng 낭 nóng 놈	무거운 더운	
ngh	응	nghề 응애	직업		nghĩ 응이	생각하다	
nh	첫 자음 니 끝 자음 잉	nhớ 녀	기억하다		bánh 바잉	빵	
ph	ㅍ [영어 발음 f]	phải 퐈이	옳은		phí 퓌	비용	
th	ㅌ	tháng 탕	월		thi 티	시험	
tr	ㅉ	trẻ 째	젊은		tròn 쩐	둥근	

* 베트남어의 복자음 중 gh, ng, ngh은 다음의 모음과만 결합하여 사용하며, nh은 결합하는 모음에 따라 발음이 달라진다. (예, nh니 + ớ어 = 녀)

gh + e, ê, i / ng + a, ă, â, o, ô, ơ, u, ư / ngh + e, ê, i

성조

* 베트남어는 6개의 성조를 가지며, 중심 모음의 위 또는 아래에 성조 기호를 붙여서 표시한다. 성조에 따라 같은 철자일지라도 뜻이 완전히 달라지므로 반드시 철자와 성조를 함께 기억한다.

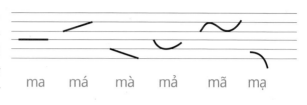

ma   má   mà   mả   mã   mạ

성조 이름	표기	특징	예	
Dấu Không 져우 콤	없음	꺾임이 없는 평상음 약간 높은 '솔' 음의 소리	ma 마 마귀	ăn 안 먹다
Dấu Sắc 져우 싹	´	낮은 곳에서 높은 곳으로 올려주는 음	má 마 볼	cứ 끄 계속하다
Dấu Huyền 져우 후옌	`	중간 음에서 낮은 곳으로 내려주는 음	mà 마 그러나	dài 쟈(야)이 긴
Dấu Hỏi 져우 호이	?	중간 음 > 낮은 음 > 중간 음으로 다시 돌아오는 음	mả 마 무덤	hỏi 호이 질문하다
Dấu Ngã 져우 응아	~	중간 톤에서 짧게 끊고, 더 높은 음에서 짧게 하는 음	mã 마 말	cũ 꾸 오래된
Dấu Nặng 져우 낭	.	가장 낮은 음에서 떨어지듯 내는 음	mạ 마 모	một 몯 숫자 1

성조 표기법

모음의 수	표기법	예	
1개의 모음	그 모음에 표기	có 꺼 가지고 있다	mình 밍 나
2개의 모음	뒤 자음 없을 때 : 첫 번째 모음에 표기 뒤 자음 있을 때 : 끝 모음에 표기	mèo 매오 고양이	trường 쯔엉 학교
3개의 모음	뒤 자음 없을 때 : 가운데 모음에 표기 뒤 자음 있을 때 : 끝 모음에 표기	tuổi 뚜오이 나이	truyện 쭈옌 소설

0 không	1 một	2 hai	3 ba	4 bốn	5 năm	6 sáu	7 bảy (bẩy)	8 tám	9 chín
10 mười	11 mười một	12 mười hai	13 mười ba	14 mười bốn	15 mười lăm	16 mười sáu	17 mười bảy (bẩy)	18 mười tám	19 mười chín
20 hai mươi	21 hai mươi mốt	22 hai mươi hai	23 hai mươi ba	24 hai mươi bốn	25 hai mươi lăm				
30 ba mươi	31 ba mươi mốt								99 chín mươi chín

* 15, 25, 35, … 95 : 십의 자리에 수가 존재하는 경우, 5는 năm → lăm으로 발음이 변한다.
* 20, 21, 22, … 99 : 20 이상에서는 〈숫자 + mươi 〉의 형태로 mười → mươi로 성조가 변한다.
* 21, 31, 41, … 91 : 십의 자리가 mươi로 읽힐 때의 일의 자리 숫자 1은 một → mốt으로 성조가 변한다.

100 một trăm	101 một trăm linh / lẻ một	…	999 Chín trăm chín mươi chín

* 백(trăm)의 자릿수에서 십의 자리가 0인 경우, linh 또는 lẻ을 넣어 읽으며, 그렇지 않은 경우 이전 법칙 그대로 적용된다.

1000 một nghìn / ngàn	1001 một nghìn / ngàn không trăm linh / lẻ một	…	9999 Chính nghìn / ngàn chín trăm chín mươi chín

* 천(nghìn / ngàn)의 자릿수에서 백의 자리가 0인 경우, không trăm을 넣어 읽으며, 그렇지 않은 경우 이전 법칙 그대로 적용된다.

10,000 mười nghìn / ngàn	100,000 một trăm nghìn / ngàn
1.000.000 một triệu	10.000.000 mười triệu
100.000.000 một trăm triệu	1.000.000.000 một tỷ

* 베트남에서는 숫자의 단위를 끊는 기호로 우리와는 달리 세 자리 단위 쉼표(,)가 아닌 마침표(·)로 하며, 반대로 소수점의 경우 마침표(·)가 아닌 쉼표(,)로 나타낸다.

숫자 – 서수

첫 번째 thứ nhất	두 번째 thứ hai	세 번째 thứ ba	네 번째 thứ tư	다섯 번째 thứ năm	…

* 서수는 thứ + 숫자의 형태로 표현하며, 특히 기존 기수와 철자가 다른 1 (một → nhất), 4 (bốn → tư)에 주의하며 기억한다.

호칭

• 베트남어는 호칭이 매우 발달한 언어로, 나와 상대의 호칭이 고정된 것이 아니라 관계에 따라 변하는 특징을 가진다. 또한, 친족 관계에서 사용하는 호칭이 확대되어 사회관계에서도 역시 사용되며 대부분의 호칭은 1인칭과 2인칭으로 모두 사용할 수 있다.

1인칭	tôi 또이 저	tớ 떠 나	mình 민 나 (재귀대명사)
	비슷한 또래 또는 호칭 정하기가 어려울 경우	상대와 동갑일 때 자신을 가리킴	
2인칭	bạn 반 친구		cậu 꺼우 너
	동갑의 경우 상대를 칭할 때		
3인칭	anh ấy 아잉 어이 그 남자		cô / chị ấy 꼬 / 찌 어이 그녀
	2인칭 호칭 + ấy(그) : 그 ~		

1, 2인칭	ông 옹 할아버지 할아버지 연배의 손위 남성 사회적 지위가 높은 남성	bà 바 할머니 할머니 연배의 손위 여성 사회적 지위가 높은 여성	cháu 짜우 손자, 조카
	bác 박 큰아버지, 큰어머니 아버지보다 나이가 더 많거나 비슷한 경우	chú 쭈 삼촌 아버지보다 나이가 더 적은 경우	나이 차이가 많이 나는 손 아랫사람
	thầy 터이 남자 선생님	cô 꼬 고모 / 여자 선생님 어머니와 나이가 비슷하거나 조금 더 많은 경우	em 앰 동생 / 학생
	anh 안 형(오빠) 자신보다 나이가 조금 많은 남성	chị 찌 누나(언니) 자신보다 나이가 조금 많은 여성	나이 차이가 많이 나지 않는 손 아랫사람
	bố 보 아버지	mẹ 매 어머니	con 꼰 자녀

복수호칭

1인칭 복수		2, 3인칭 복수
청자 포함 여부로 결정		các(~들) + 2, 3인칭 호칭 : ~들
청자 포함 '우리'	chúng ta	các anh chị 형(오빠), 누나(언니)들 các bạn 친구들 các em ấy 그 아이들
청자 미포함 '우리'	chúng tôi	

01장

문장을 만드는 가장 기초적인 뼈대 "기본골격"

문화1 베트남을 대표하는 두 도시! 하노이와 호찌밍

01) ～을 해요

02) ～을 하지 않아요

03) ～해요

04) ～하지 않아요

05) ～해요?

06) ～(이)에요

07) ～가 아니에요

08) ～(이)에요?

베트남?

문화 **1**   베트남을 대표하는 두 도시! 하노이와 호찌밍

(사진 : travel-hanoi.com)

베트남의 지형은 긴 S자 형태로, 북쪽과 남쪽의 거리 차이가 상당한 편이다. 두 지역은 한 나라에 속해 있지만, 기후부터 언어(발음), 사람들의 생활 방식 및 성향에서도 큰 차이를 보인다. 북쪽과 남쪽을 대표하는 도시로는 베트남의 수도인 하노이(Hà Nội)와 경제 중심지인 호찌밍(Thành phố Hồ Chí Minh) 이 있다.

먼저 수도 하노이를 살펴보면 '강 안에 있는 내륙 (Hà Nội/ 河內 하내) 이라는 이름의 유래처럼 홍강과 송코이 강에 둘러싸여 있으며, 도시에는 크고 작은 호수가 펼쳐진다. 정치와 문화의 중심지로서 11세기 수도로 지정된 이후 지금까지 천 년이 넘는 역사를 가지고 있다. 하노이의 시가지는 호안끼엠 호수를 기점으로 크게 예전 왕조시대부터의 구시가지와 프랑스 식민지 시대에 건설된 신시가지로 이뤄진다. 구시가지는 옛 역사의 정취를 느낄 수 있는 곳으로 과거 30여 개의 탑문과 성벽으로 둘러싸여 있었으나 지금은 약간의 유적이 남아 있다. 좁은 골목이 미로같이 얽혀 오래된 거리가 계속 펼쳐진 모습이며, 많은 관광객의 필수코스가 된 곳이기도 하다. 신시가지는 프랑스식 근대 건축물이 많이 있고 현재는 정부기관, 국립극장, 호텔, 박물관, 종합대학 등이 있다.

(사진 : 4vanphongphamcom)

호찌밍의 경우, 프랑스 식민지 도시로 발달하여 역사적인 사적은 많이 없으나, 베트남의 경제의 중추적 기능이 집중되어 있으며 동양의 파리라 불릴 만큼, 많은 프랑스 건축 양식의 건물과 함께 특유의 아름다운 풍치를 느낄 수 있다. 이전 이름은 '사이공(Sài Gòn)'이었으나 미국과의 전쟁에서 승리한 직후인 1975년 호찌밍으로 그 명칭이 바뀌었다. 같은 베트남의 국가이지만, 하노이와는 매우 다른 느낌을 가지고 있으며 매우 역동적인 모습으로 과거와 현재, 동양과 서양의 모습을 모두 가진 모습으로 유명하다. 호찌밍 도시의 경우, 현지에서는 도시 명칭 앞에 '도시'라는 뜻을 가진 타잉포(thành phố)를 반드시 붙여 표기하며 이는 호찌밍 주석의 이름과 구분하기 위함이다.

주어 + 동사 + 목적어
~을 해요

포인트 콕!

- 베트남어의 기본 어순은 '주어+술어+보어'의 구조임을 기억한다.
- 베트남어의 기본 문장 골격은 〈주어+동사/형용사〉일 때와 〈주어+là명사〉일 때로 나누어진다.

패턴 꽉!

- **học**   공부하다
  홉

- **học tiếng Việt**   나는 공부한다
  홉   띠엥   비엘

- **Tôi học tiếng Việt.**   나는 베트남어를 공부한다.
  또이 홉   띠엥   비엘

단어   học 동 공부하다 | tiếng Việt 명 베트남어

어휘 더하기!

일상과 관련된 기본 동사

〈주어+동사+목적어〉 구문에 일상과 관련된 아래의 기본 동사들을 넣어 표현을 확장할 수 있다.

thức dậy	일어나다	ngủ	자다
ăn	먹다	uống	마시다
học	공부하다	làm	일하다, 하다, 만들다
nói	말하다	nghe	듣다
đọc	읽다	viết	쓰다
đi	가다	xem	보다(시청하다)
gặp	만나다	tập thể dục (=chơi thể thao)	운동하다

Tôi uống cà phê.

또이 우옴 까 페

나는 커피를 마신다.

| uống 통 마시다 | cà phê 명 커피 |

Tôi ăn cơm.

또이 안 껌

나는 밥을 먹는다.

| ăn 통 먹다 | cơm 명 밥 |

Tôi biết bạn ấy.

또이 비엣 반 어이

나는 그 친구를 안다.

| biết 통 알다 |

Tôi xem phim.

또이 쌤 핌

나는 영화를 본다.

| xem 통 보다(시청하다) | phim 명 영화 |

Tôi nghe nhạc.

또이 응애 냑

나는 음악을 듣는다.

| nghe 통 듣다 | nhạc 명 음악 |

Tôi làm việc.

또이 람 비엑

나는 일을 한다.

| làm 통 일하다 | việc 명 일 |

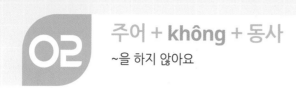

주어 + không + 동사

~을 하지 않아요

포인트 콕!

- không은 부정 부사로써 '~이 아닌'의 뜻을 가지며 동사/형용사 앞에 위치하여 부정문을 나타낸다.

패턴 꽉!

- **học**　　　　　　　　　　　　　　　　　공부하다
  흡

- **học tiếng Việt**　　　　　　　　　　　베트남어를 공부한다
  흡　띠엥　비엣

- **Tôi học tiếng Việt.**　　　　　　　　나는 베트남어를 공부한다.
  또이　흡　띠엥　비엣

- **Tôi không học tiếng Việt.**　　　　나는 베트남어를 공부하지 않는다.
  또이　콤　　흡　띠엥　비엣

단어　không 부 ~이 아닌 | học 동 공부하다 | tiếng Việt 명 베트남어

어휘 더하기!

부정대답의 không

không은 부정문을 만드는 부정 부사로서 쓰이는 것 외에도, 일상회화에서 '아니요'에 해당하는 부정 대답으로도 역시 쓰임을 가지고 있다.

예 Không, tôi không ăn cá. 아니요, 저는 생선을 먹지 않아요.

Tôi không **uống rượu.**
또이 콤   우옹   즈(르)어우

나는 술을 마시지 않는다.

uống 동 마시다 | rượu 명 술

Tôi không **ăn bánh.**
또이 콤   안   바잉

나는 빵을 먹지 않는다.

ăn 동 먹다 | bánh 명 빵

Tôi không **biết đường.**
또이 콤   비엩   드엉

나는 길을 알지 못한다.

biết 동 알다 | đường 명 길

Tôi không **xem tin tức.**
또이 콤   쌤   띤 뜩

나는 뉴스를 보지 않는다.

xem 동 시청하다 | tin tức 명 뉴스

Tôi không **viết văn.**
또이 콤   비엩   봔

나는 글을 쓰지 않는다.

viết 동 (글을) 쓰다 | văn 명 글

Tôi không **nghe radio.**
또이 콤   응애   라디오

나는 라디오를 듣지 않는다.

nghe 동 듣다 | radio 명 라디오

03 주어 + 형용사
~해요

 포인트 콕!

- 〈주어+동사〉의 형식과 마찬가지로, 주어의 상태를 설명할 때에는 〈주어+형용사〉의 형태로 형용사가 주어 뒤에 있어 주어의 상태를 나타낸다.

패턴 꽉!

- **dễ / hó**
  제(예) / 커

  쉬운 / 어려운

- **Tiếng Việt dễ.**
  띠엥　　비엣　제(예)

  베트남어는 쉽다.

- **Tiếng Việt khó.**
  띠엥　　비엣　커

  베트남어는 어렵다.

단어 dễ 형 쉬운 | khó 형 어려운

어휘 더하기!

반의어로 보는 기본 형용사 Ⅰ

〈주어+형용사〉 구문에 아래의 기본 형용사들을 넣어 연습하면 쉽게 표현을 확장할 수 있다.

đẹp / tốt	예쁜 / 좋은	xấu	미운, 나쁜
béo(북) / mập(남)	뚱뚱한	gầy(북) / ốm(남)	마른
cao	높은, 키가 큰	thấp	낮은, 키가 작은
trẻ	젊은	già	늙은
to	큰	nhỏ	작은
khỏe	건강한	yếu	쇠약한
nặng	무거운	nhẹ	가벼운
bận	바쁜	rỗi (rảnh)	한가한
vui	기쁜	buồn	슬픈
mới	새로운	cũ	낡은

Cô ấy đẹp.
꼬 어이 뎁

그녀는 예쁘다.

Cô ấy xấu.
꼬 어이 써우

그녀는 못생겼다.

đẹp 형 예쁜 | xấu 형 못생긴

Hà Nội nóng.
하 노이 놈

하노이는 덥다.

Hà Nội lạnh.
하 노이 라잉

하노이는 춥다.

nóng 형 더운 | lạnh 형 추운

Bạn ấy béo (mập).
반 어이 배오 멉

그 친구는 뚱뚱하다.

Bạn ấy gầy (ốm).
반 어이 거이 옴

그 친구는 말랐다.

béo(북) / mập(남) 형 뚱뚱한 | gầy(북) / ốm(남) 형 마른

Sách này thú vị.
싸익 나이 투 뷔

이 책은 재밌다.

Sách này chán.
싸익 나이 짠

이 책은 지루하다.

sách 명 책 | này 대 이~ | thú vị 형 재밌는 | chán 형 지루한

04 주어 + không + 형용사

~하지 않아요

 포인트 콕!

• 〈주어+동사〉 문장의 형식과 마찬가지로, 부정 부사 **không**을 형용사 앞에 위치하여 부정문을 만든다.

패턴 꽉!

- **ngon**
  응온

  맛있는

- **Bánh ngon.**
  바잉   응온

  빵은 맛있다.

- **Bánh không ngon.**
  바잉   콤   응온

  빵은 맛있지 않다.

단어 | bánh 명 빵 | ngon 형 맛있는 | không 부 ~이 아닌

어휘 더하기!

반의어로 보는 기본 형용사 Ⅱ

〈주어+형용사〉 구문에 아래의 기본 형용사들을 넣어 연습하면 쉽게 표현을 확장할 수 있다.

nhiều	많은	ít	적은
nhanh	빠른	chậm	느린
dài	긴	ngắn	짧은
đắt(북) / mắc(남)	비싼	rẻ	저렴한
sớm	이른	muộn(북) / trễ(남)	늦은
xa	먼	gần	가까운
đúng	옳은	sai	틀린
rộng	넓은	hẹp	좁은
giống	닮은	khác	다른
nóng	더운	lạnh	추운

Tôi không khỏe.
또이 콤   쾌

나는 건강하지 않다.

khỏe 형 건강한

Em ấy không lịch sự.
엠 어이 콤   릭 스

그 아이는 예의가 없다.

lịch sự 형 예의 있는

Tôi không cao.
또이 콤   까오

나는 키가 크지 않다.

cao 형 키가 큰

Chị ấy không dễ thương.
찌   어이 콤   제(예) 트엉

그녀는 귀엽지 않다.

dễ thương 형 귀여운

Thầy ấy không già.
터이 어이 콤   쟈(야)

그 선생님은 늙지 않았다.

già 형 늙은

Bạn ấy không tốt bụng.
반 어이 콤   똗 붐

그 친구는 친절하지 않다.

tốt bụng 형 친절한

주어 + có + 동사 / 형용사 + không?
~해요?

- 동사/형용사 문장에 대한 일반 의문문을 만드는 형태로써, 본래 có는 '가지고 있다', '존재하다'의 뜻을, không은 '~이 아닌'의 뜻을 각각 가지고 있지만, 이때는 의문문을 만드는 도구로써 사용되며 특별한 뜻을 가지지 않는다.
- có는 특별한 뜻이 없으므로 생략하여, 〈주어+동사/형용사 + không?〉의 형태로도 사용한다. 이에 대한 대답으로 긍정일 때는 có, 부정일 때는 không으로 답한다.

패턴 꽉!

[주어 + có + 동사 + không?]　　　　　　[주어 + có + 형용사 + không?]

● **gặp**　　　　만나다　　　　● **khỏe**　　　　건강한
　갑　　　　　　　　　　　　　　　　쾌

● **Mình gặp thầy giáo.**　　　　● **Tôi khỏe.**
　밍　갑　터이　쟈(야)오　　　　　　또이　쾌
　나는 (남자) 선생님을 만난다.　　　저는 건강합니다.(잘 지냅니다.)

● **Bạn (có) gặp thầy giáo không?**　　● **Anh (có) khỏe không?**
　반　꺼　갑　터이　쟈(야)오　콤　　　아잉　(꺼)　쾌　콤
　넌 선생님을 만나니?　　　　　　　당신은 건강합니까?(잘 지냅니까?)

단어　gặp 동 만나다 | thầy giáo 명 남자 선생님 | khỏe 형 건강한

어휘 더하기!

안부 묻고 답하기

베트남에서는 상대에게 안부를 물어볼 때 '건강한'의 뜻을 가진 형용사 khỏe를 사용하여
〈~(có) khỏe không?〉의 형태로 물어보며 이에 대한 대답은 다음과 같다.

Ⓐ Anh (có) khỏe không? 잘 지내요?
Ⓑ Tôi khỏe. 잘 지내요. / Tôi bình thường. 보통이에요. /
　Tôi không khỏe. 잘 지내지 못해요.

Anh có **nói tiếng Anh** không?

아잉 꺼 너이 띠엥 아잉 콤

형(오빠)은 영어를 말합니까?

nói 동 말하다 | tiếng Anh 명 영어

Chị có **tập thể dục** không?

찌 꺼 떱 테 쥹(융) 콤

누나(언니)는 운동을 합니까?

tập thể dục 동 운동하다

Bạn có **đọc báo** không?

반 꺼 돕 바오 콤

너는 신문을 읽니?

đọc 동 읽다 | báo 명 신문

Bạn có **bận** không?

반 꺼 번 콤

너는 바쁘니?

bận 형 바쁜

Phòng có **rộng** không?

폼 꺼 쥼(롬) 콤

방이 넓습니까?

phòng 명 방 | rộng 넓은

Xe máy này có **đắt / mắc** không?

쌔 마이 나이 꺼 닫 막 콤

이 오토바이 비쌉니까?

xe máy 명 오토바이 | đắt / mắc 형 비싼

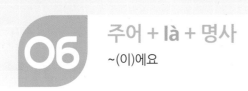

06 주어 + là + 명사
~(이)에요

✏️ **포인트 콕!**

- là 동사는 '~이다'의 뜻을 가지며, 영어의 be동사의 기능에 해당한다. 명사와 결합 시 반드시 là 동사를 사용한다.
- 베트남어에서 명사구는 기본적으로 후치 수식의 원칙이다.

✋ **패턴 꽉!**

● **BaeJunwoo**
배준우

배준우

● **là BaeJunwoo**
라 배준우

배준우이다

● **Tên của tôi là BaeJunwoo.**
뗀   꾸어 또이 라 배준우

저의 이름은 배준우입니다.

단어 tên 명 이름 | của 전 ~의

👆 **어휘 더하기!**

이름 말하기

자신의 이름을 말할 때는 다음과 같이 다양하게 표현할 수 있다.

· Tôi tên là ~
· Tên của tôi là ~
· Tên tôi là ~

※ của는 '~의', '~의 것'의 뜻을 가지며 소유격 또는 소유대명사의 역할을 한다.

〈A của B〉는 'B의 A' 뜻을 가진다.

Tôi là người Hàn Quốc.
또이 라 응어이   한   꾸옵

나는 한국 사람이다.

người 명 사람 | Hàn Quốc 명 한국 | là 동 ~이다

Anh ấy là người Trung Quốc.
아잉 어이 라 응어이 쯩   꾸옵

그는 중국 사람이다.

Trung Quốc 명 중국

Tôi là nhân viên công ty.
또이 라 년   뷔엔 꼼 띠

나는 회사원이다.

nhân viên 명 직원 | công ty 명 회사

Chị ấy là y tá.
찌   어이 라 이 따

그녀는 간호사이다.

y tá 명 간호사

Phở là món ăn Việt Nam.
풔 라 먼   안 비엘 남

쌀국수는 베트남 음식이다.

phở 명 퍼(쌀국수) | món ăn 명 음식 | Việt Nam 명 베트남

Chúng tôi là sinh viên.
쭘   또이 라 싱   비엔

우리는 대학생이다.

sinh viên 명 대학생

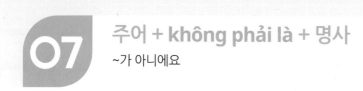

07 주어 + không phải là + 명사
~가 아니에요

포인트 콕!

- 〈주어+là 명사〉 문장의 부정문 형태는 〈주어+동/형〉 문장과는 달리 반드시 không(~이 아닌)과 함께 phải (옳은)를 결합한 형태이다.

패턴 꽉!

- **người Hàn Quốc**　　　　　　　　　　한국 사람
  응어이　　한　　꾸옥

- **là người Hàn Quốc**　　　　　　　　한국 사람이다
  라 응어이　　한　　꾸옥

- **Tôi không phải là người Hàn Quốc.**　저는 한국 사람이 아닙니다.
  또이 콤　　　퐈이　라 응어이　한　　꾸옥

단어　người 명 사람 | Hàn Quốc 명 한국 | là 동 ~이다 | phải 형 옳은

어휘 더하기!

국적 말하기의 다양한 표현

- Tôi là người ~ : 저는 ~나라 사람입니다.
- Quốc tịch của tôi là ~ : 저의 국적은 ~입니다.
- Tôi đến từ nước ~ : 저는 ~나라로부터 왔습니다.

단어　quốc tịch 명 국적 | đến 동 도착하다 | từ 전 ~로 부터 | nước 명 나라

Tôi không phải là **bác sĩ.**

또이 콤 퐈이 라 박 씨

나는 의사가 아니다.

bác sĩ 명 의사

Anh ấy không phải là **giáo viên tiếng Anh.**

아잉 어이 콤 퐈이 라 쟈(야)오 비엔 띠엥 아잉

그는 영어 선생님이 아니다.

giáo viên 명 선생님 | tiếng Anh 명 영어

Tên của tôi không phải là **Kim min ho.**

뗀 꾸어 또이 콤 퐈이 라 김 민 호

내 이름은 김민호가 아니다.

tên 명 이름 | của 전 ~의

Phở không phải là **món ăn Nhật Bản.**

풔 콤 퐈이 라 먼 안 녈 반

쌀국수는 일본 음식이 아니다.

phở 명 퍼(쌀국수) | món ăn 명 음식 | Nhật Bản 명 일본

Chúng tôi không phải là **học sinh.**

쭘 또이 콤 파이 라 홉 싱

우리는 학생이 아니다.

học sinh 명 학생 (초중고)

Ông ấy không phải là **giám đốc.**

옴 어이 콤 퐈이 라 쟘(얌) 돕

그는 사장이 아니다.

giám đốc 명 사장

• **39**

08 주어 + có phải là + 명사 + không?
~(이)에요?

 포인트 쾈!

• 〈주어 + là 명사〉 문장의 의문문 공식이며, 부정문과 마찬가지로 phải를 là 동사 앞에 넣어 〈주어 có phải là 명사 không?〉의 형태로 의문문을 만든다.

패턴 꽉!

- **công ty Mỹ**　　　　　　　　　　미국 회사
　꼼　　띠 미

- **là công ty Mỹ**　　　　　　　　미국 회사이다
　라 꼼　　띠 미

- **có phải là công ty Mỹ không**　미국 회사가 맞습니까
　꺼 퐈이　라 꼼　　띠 미 콤

- **Đây có phải là công ty Mỹ không?**　여기가 미국 회사가 맞습니까?
　더이　꺼　퐈이　라 꼼　　띠 미 콤

단어　công ty 명 회사 | Mỹ 명 미국 | đây 대 여기

어휘 더하기!

주어 〈có phải là 명사 không?〉에 대한 대답

• 〈là + 명사〉 문장의 의문문에 대한 대답으로, '옳은'의 뜻을 가진 형용사 phải를 사용하여 긍정일 때에는 Phải로, 부정일 때에는 Không phải 로 대답할 수도 있다.

예 Đây có phải là công ty Mỹ không? 여기가 미국회사가 맞습니까?

(긍정) Phải, đây là công ty Mỹ. 맞아요. 여기는 미국 회사입니다.

(부정) Không / Không phải, Đây không phải là công ty Mỹ.
　　　　아닙니다. 여기는 미국회사가 아닙니다.

Anh có phải là **người Việt Nam** không?

아잉 꺼 퐈이 라 응어이 비엘 남 콤

당신은 베트남 사람입니까?

| người 명 사람 | Việt Nam 명 베트남 |

Chị ấy có phải là **thư ký** không?

찌 어이 꺼 퐈이 라트 끼 콤

그녀는 비서입니까?

| thư ký 명 비서 |

Ông ấy có phải là **giám đốc** không?

옴 어이 꺼 퐈이 라 쟘(얌) 돕 콤

그 분이 사장님입니까?

| giám đốc 명 사장 |

Cô ấy có phải là **bạn gái của anh** không?

꼬 어이 꺼 퐈이 라 반 가이 꾸어 아잉 콤

그녀는 당신의 여자친구입니까?

| bạn gái 명 여자친구 |

Bạn ấy có phải là **người nước ngoài** không?

반 어이 꺼 퐈이 라 응어이 느억 응오아이 콤

그 친구는 외국인입니까?

| nước ngoài 명 외국 |

Quê em có phải là **Đà Lạt** không?

꿰 엠 꺼 퐈이 라 다 랏 콤

너의 고향은 다랏이지?

| quê 명 고향 |

02장

주어 또는 대상이 되는
"명사 배경 쌓기"

문화2 아주 특별한 베트남의 기념품들

09) [지시대명사] 이 / 저 / 그것
10) [명사 구분] 동물 / 사물 / 과일
11) [복수] ~들

베트남?

| 문화 **2** | 아주 특별한 베트남의 기념품들 |

베트남에는 지인들에게 선물할 만한 다양한 아이템들이 많다. 흔한 열쇠고리나 냉장고 자석 외에 이젠 지인들에게 색다른 선물을 준비해보자!

(사진 : www.vattuquangcao.vn)

첫 번째, 수공예로 만든 인테리어 소품!

베트남에는 나무로 만들어진 소품들이 특히 많은데, 그 정교함이나 고급스러운 느낌이 손으로 만들어진 것이라고 믿기지 않을 정도이다. 그 중 라탄 나무로 만든 바구니나 가방, 생활 소품들은 한국에서보다 훨씬 저렴하게 구입할 수 있다. 작게는 냄비 받침부터 소품 바구니, 가구까지 아주 다양한 종류가 있다. 또한, 역시 핸드메이드로 제작된 목공예품도 선물로 인기인데, 베트남을 상징하는 작은 오토바이 모형, 씨클로(베트남 인력거) 모형 또는 커다란 선박 모형까지 있어 외국인들에게 아주 인기가 많다.

두 번째, 세계 1위 수출의 캐슈너트!

외국에서는 고급 식재로 여기지는 캐슈너트지만, 베트남은 세계 1위의 수출량을 자랑하는 만큼 고품질의 캐슈너트를 저렴한 가격에 구입할 수 있다. 가격도 가격이지만, 베트남에서 직접 구입하는 캐슈너트의 경우 한국에서 구입하는 것보다 신선도가 좋으며 그 맛도 뛰어나다. 또한 그 종류도 다양

(사진 : hailanjiang.com)

한데, 껍질이 얇게 붙어 있는 캐슈너트부터, 일반 캐슈너트, 꿀이나 소금이 조미된 캐슈너트 등이 있다. 캐슈너트는 선물로써 사는 사람도 부담이 적고, 받는 사람의 대부분이 좋아하는 아이템으로 지인 선물로 안성맞춤이다.

(사진 : resources.nhommua.com)

세 번째, 특별한 커피, 다람쥐 똥 커피!

흔히 베트남의 커피 하면, 현지에서 먹는 연유 커피나 한국에서도 유명한 인스턴트커피인 G7을 연상하게 된다. 그러나 베트남에는 아주 특별한 커피가 있는데 바로 다람쥐 똥 커피이다. 일명 콘삭 커피 (Cà phê con sóc) 로, 생두를 먹은 다람쥐의 똥에서 나온 생두를 깨끗이 씻어 만든 원두로 그 맛이 진하고 향이 좋다. 흔한 커피가 아닌 아주 특별한 커피를 선물해주고 싶다면 베트남의 다람쥐똥 커피를 추천한다.

Đây / Kia / Đó là ~

[지시대명사] 이 / 저 / 그것

포인트 콕!

- đây, kia, đó는 각각 '이/저/그'의 뜻을 가지며 단독으로 쓰이는 지시 대명사와 명사 뒤에 결합하여 쓰이는 지시 형용사의 역할을 가지고 있다.
- 〈Đây / Kia / Đó là ~〉는 là 명사와 결합한 문장 형태로 사물, 사람, 장소를 가리켜 말할 때 사용하는 구문이다.

패턴 콱!

● **bạn của tôi**   나의 친구
　반　　꾸어　또이

● **là bạn của tôi**   나의 친구이다
　라　반　　꾸어　또이

● **Đây là bạn của tôi.**   이쪽은 나의 친구이다.
　더이　라　반　　꾸어　또이

단어 bạn 명 친구 | đây 대 이것, 이분, 이곳

어휘 더하기!

명사 + này, kia, đó/ấy

위에서 학습한 지시 대명사 중, đây를 제외한 나머지는 지시 형용사로 사용할 수 있으며,
지시 형용사로만 사용되는 경우 này와 ấy를 추가로 기억한다.

명사	này	이~
	kia	저~
	đó / ấy	그~

Đây là ông bác sĩ.

더이 라 옴 박 씨

이분은 의사 선생님이다.

bác sĩ 명 의사

Đây là thông tin mới.

더이 라 톰 띤 머이

이것은 새로운 소식이다.

thông tin 명 소식 | mới 형 새로운

Đó là bí mật.

더 라 비 멑

그것은 비밀이다.

bí mật 명 비밀

Đó là căn tin.

더 라 깐 띤

그곳은 매점이다.

căn tin 명 매점, 구내식당

Kia là cây chuối.

끼어 라 꺼이 쭈오이

저것은 바나나 나무이다.

cây 명 나무 | chuối 명 바나나

Kia là cờ Việt Nam.

끼어 라 꺼 비엗 남

저것은 베트남 국기이다.

cờ 명 국기

con(동물) / cái(사물) / quả(과일) + 명사

[명사 구분] 동물 / 사물 / 과일

포인트 콕!

- 종별사는 명사 앞에 사용하여 명사의 종류를 구분해주는 역할을 하며 con은 동물 명사 앞, cái는 일반 사물 명사 앞, quả는 과일 또는 둥근 사물 앞에 사용하며 특별한 경우를 제외하고는 생략도 가능하다.
- 종별사가 단위를 세는 역할로 사용되는 경우〈~마리 / ~개 / ~과〉로 해석하며, 이때는 생략하지 않고〈숫자 + 종별사 + 명사〉의 어순으로 사용한다.

패턴 꽉!

- **mũ**
  무
  모자

- **cái mũ**
  까이 무
  모자

- **Cái này là (cái) mũ.**
  까이 나이 라 까이 무
  이것은 모자다.

- **Tôi có 5 cái mũ.**
  또이 꺼 남 까이 무
  나는 5개의 모자가 있다.

단어 mũ 명 모자 | cái 명 사물 앞에 사용하는 종별사, ~것(사물 앞), ~개 | cái này 명 이것 |
có 동 가지다, 존재하다

어휘 더하기!

다양한 종별사

종별사는 이 외에도, 책 앞에 사용하는 quyển(cuốn) '~권', 교통수단 앞에 사용하는 chiếc '~대', 종이류 앞에 사용하는 tờ '~장' 등이 있다.

책 종류	quyển(cuốn)	sách(책), từ điển(사전)
교통수단	chiếc	xe đạp(자전거), xe máy(오토바이), xe hơi (ô tô) (자동차)
종이류	tờ	giấy(종이), báo(신문)
예외	con	dao (칼), sông(강), đường(길)

48

Cái này là (cái) kính.

까이 나이 라 까이 낑

이것은 안경이다.

Tôi có 1 cái kính.

또이 꺼 못 까이 낑

나는 한 개의 안경이 있다.

kính 몡 안경

Con này là (con) chó.

껀 나이 라 껀 쩌

이 동물은 개다.

Nhà có 3 con chó.

냐 꺼 바 껀 쩌

집에 세 마리의 개가 있다.

con 몡 동물 앞에 사용하는 종별사, ~동물(동물 앞), ~마리 | chó 몡 개 | nhà 몡 집

Quả này là (quả) xoài.

꾸아 나이 라 꾸아 쏘아이

이 과일은 망고이다.

Tôi mua 3 quả xoài.

또이 무어 바 꾸아 쏘아이

나는 세 개의 망고를 산다.

quả 몡 과일 앞에 사용하는 종별사, ~과일(과일 앞), ~ 과 | xoài 몡 망고 | mua 동 사다

các / những + 명사
[복수] ~들

포인트 쿡!

• các과 những은 모두 '~들'의 뜻을 가지며, 명사 앞에 사용하여 복수형을 표현한다.

패턴 꽉!

● **sinh viên nước ngoài**　　　　　　　　　　외국인 대학생
　 씽　　비엔　　느억　　응오아이

● **các / những sinh viên nước ngoài**　　　외국인 대학생들
　 깍 / 느엉　　씽　　비엔　　느억　　응오아이

● **Các sinh viên nước ngoài học tiếng Việt.**
　 깍　　씽　　비엔　　느억　　응오아이　　홉　　띠엥　　비엔

　　　　　　　　　　　　　　　　　외국인 대학생들이 베트남어를 공부한다.

● **Những sinh viên nước ngoài học tiếng Việt.**
　 느엉　　　씽　　비엔　　느억　　응오아이　　홉　　띠엥　　비엔

　　　　　　　　　　　　　　　　　외국인 대학생들은 베트남어를 공부한다.

단어　không 부 ~이 아닌 | học 통 공부하다 | tiếng Việt 명 베트남어

어휘 더하기!

các과 những 뉘앙스의 차이 비교

các은 단순히 전체를 나타내지만, những은 조금 더 구체적인 상황에서 사용되며, (다른 대상과의) 비교 뉘앙스를 가진 복수형태이다.

• Các sinh viên nước ngoài học tiếng Việt. 외국인 대학생들이 베트남어를 공부한다.
　　　　　　　　　　　　　　　　　　(다른 대상에 대해 고려하지 않음)

• Những sinh viên nước ngoài học tiếng Việt. 외국인 대학생들은 베트남어를 공부한다.
　　　　　　　　　　　　　　　　　(다른 대상과의 비교 : 내국인 대학생들은…)

Các đồ bán đắt.
깍 도 반 닫

물건들이 비싸게 판다.

đồ 명 물건 | bán 동 팔다 | đắt 형 비싼

Những đồ nhập khẩu bán đắt.
느엉 도 녑 커우 반 닫

수입품들은 비싸게 판다.

nhập khẩu 동 수입하다

Các bạn trong lớp học chăm chỉ.
깍 반 쫌 럽 홉 짬 찌

친구들이 공부를 열심히 한다.

trong 전 ~안에 | lớp 명 교실 | học 동 공부하다 | chăm chỉ 형 열심히 하는

Những bạn lớp một học chăm chỉ.
느엉 반 럽 몯 홉 짬 찌

1반 학생들은 공부를 열심히 한다.

một 명 숫자 1

Các nhân viên đi thực tập.
깍 년 비엔 디 특 떱

직원들이 실습 간다.

nhân viên 명 직원 | đi 동 가다 | thực tập 동 실습하다

Những nhân viên mới đi thực tập.
느엉 년 비엔 머이 디 특 떱

새 직원들은 실습을 간다.

mới 형 새로운

03장

가장 많이 사용하는
"필수 동사 쉽게 활용하기"

문화3 베트남의 다양한 면 음식 살펴보기

12) [소유, 존재] ~을 가지고 있어요 / ~가 있지 않아요

13) [소유 여부] ~을 가지고 있어요?

14) [이동] ~에 가요 / ~에 도착해요 / ~에 돌아와요

15) [이동] ~하러 가요 / ~하기 위해 도착해요 / ~하러 돌아와요

16) [선호와 기호] ~을 좋아해요

17) [선호와 기호] ~을 원해요

베트남?

문화 **3**   베트남의 다양한 면 음식 살펴보기

우리에게 베트남은 쌀국수의 나라로 친숙한 것처럼 그들의 삶에서 면 요리는 빼놓을 수 없는 것이기도 하다. 쌀국수를 비롯해 다양한 면 요리를 만나보도록 하자!

퍼 (Phở)

우리나라에도 쌀국수 열풍이 불었을 정도로 담백하고 시원한 국물맛이 일품인 쌀국수는 베트남 사람들이 아침 식사 대용으로 즐겨먹는 음식으로, 우리나라에서 파는 쌀국수와는 달리 현지에서의 쌀국수 면은 조금 두껍고 국물도 진한 편이다. 요즘은 체인점 쌀국수집도 많이 생겨서 맛이 보편화 되기

(사진 : www.diendan.org)

도 했지만, 베트남 쌀국수의 참맛을 느끼고 싶다면, 골목에 있는 작은 쌀국수집을 들어가 보도록 하자! 우리에게는 향채로 고수만이 친숙하지만, 실제로 베트남 사람들은 고수 외에 다양한 향채를 넣어 먹는다. 또한, 북부지역에서는 쌀국수에 기다란 튀김 빵을 함께 적셔 먹기도 한다.

분 보 후에 (Bún bò Huế)

이름에서 볼 수 있듯이, 후에 지역에서 유래 된 음식이지만 현재는 매우 보편화 되어 도시 어디에서든 맛볼 수 있는 음식이다. 분(bún)이라는 이름을 가진, 우동면처럼 통통한 면을 사용하며, 레몬그라스를 넣어 만든 육수에 칠리소스를 곁들여 붉은색을 띠며, 쇠고기 육수의 감칠맛 외에도 매운맛과 신맛, 단맛 모두가 느껴지는 감칠맛이 특징이다.

(사진 : cachlammoningon.vn)

후 띠에우 (Hủ tiếu)

후 띠에우는 쌀국수나 분보의 면보다는 훨씬 얇으며 식감은 조금 더 쫄깃한 느낌의 국수 종류로 남부 지역인 사이공에서 유래되었으며, 또한 야채로 국물을 우려내며, 그 위에 돼지고기나 해산물 등이 고명으로 얹는다. 국물 맛은 쌀국수와 비슷하지만 조금 더 달달한 느낌이다. 후 띠에우는 국물이 있는 종

(사진 : vietnameasyridertours.com)

류 외에도 국물 없이 소스에 비벼 먹는 형태의 Hủ Tiếu khô도 있다. 베트남 사람들에게 후 띠에우는 주로 아침이나 저녁에 먹는다고 한다.

주어 + có ~ / 주어 + không có ~

[소유, 존재] ~을 가지고 있어요 / ~가 있지 않아요

포인트 콕!

주어 + có ~ / 주어 + không có

- có는 '가지다', '존재하다'의 뜻으로 소유나 존재를 나타내는 기본 동사이다. 이에 대한 부정은 역시 không을 동사인 có 앞에 넣어주어 나타낸다.

패턴 꽉!

- **anh trai / em gái**
  아잉 짜이 앰 가이

  형(오빠) / 여동생

- **có anh trai**
  꺼 아잉 짜이

  형(오빠)이 있다

- **không có em gái**
  콤 꺼 앰 가이

  여동생이 없다

- **Tôi có anh trai.**
  또이 꺼 아잉 짜이

  나는 형(오빠)이 있다.

- **Tôi không có em gái.**
  또이 콤 꺼 앰 가이

  나는 여동생이 없다.

단어 ┃ anh trai 명 형, 오빠 ┃ em gái 명 여동생

어휘 더하기!

가족 명칭

'패턴 꽉'에서처럼 가족관계와 같은 자신과 관련된 일상 사물 및 사람을 넣어 〈주 + có ~ / 주 + không có ~〉 구문을 연습하면 더 쉽게 기억할 수 있다.

bố	아버지	mẹ	어머니
chồng	남편	vợ	아내
anh trai	형, 오빠	chị gái	누나, 언니
em trai	남동생	em gái	여동생
con trai	아들	con gái	딸

Tôi có **thẻ tín dụng.**
또이 꺼 태 띤 줌(융)

나는 신용카드가 있다.

Tôi không có **tiền mặt.**
또이 콤   꺼 띠엔 맏

나는 현금이 없다.

thẻ tín dụng 圀 신용카드 | tiền mặt 圀 현금

Trong lớp có **10   người.**
쫌   럽 꺼 므어이 응어이

교실 안에는 열 사람이 있다.

Trong lớp không có **ai.**
쫌   럽 콤   꺼 아이

교실 안에는 누구도 있지 않다.

trong 젠 ~안에 | lớp 圀 교실 | ai 누구, 누가

Gần đây có **chợ.**
건   더이 꺼 쩌

근처에 시장이 있다.

Gần đây không có **bệnh viện.**
건   더이 콤   꺼 베잉 비엔

근처에 병원이 없다.

gần đây 훹 근처에, 최근에 | chợ 圀 시장 | bệnh viện 圀 병원

Tôi có **quyển vở.**
또이 꺼 꾸옌   붜

나는 노트가 있다.

Tôi không có **quyển từ điển.**
또이 콤   꺼 꾸옌 뜨 디엔

나는 사전이 없다.

quyển 圀 (책 종류 앞) ~권 | vở 圀 노트 | từ điển 圀 사전

13 주어 + có + 명사 + không?

[소유 여부] ~을 가지고 있어요?

👉 **포인트 콕!**

- 앞서 배운 〈주어 + có + 동/형 + không?〉과 의문문의 형식은 같지만, 명사가 위치할 경우 có가 가지고 있는 본래 의미와 함께 명사의 소유 여부를 묻는 질문이 된다.
- 〈주어 + có + 명사 + không?〉의 경우, 동사 có가 의미를 가지므로 생략할 수 없다.

✌️ **패턴 콱!**

● **điện thoại di động**　　　　　　　휴대폰
　디엔　　토아이　지(이) 돔

● **có điện thoại di động**　　　　　휴대폰이 있다
　꺼　디엔　　토아이　지(이) 돔

● **có điện thoại di động không?**　휴대폰이 있습니까?
　꺼　디엔　　토아이　지(이) 돔　　콤

● **Chị có điện thoại di động không?**　당신은 휴대폰이 있습니까?
　찌　꺼　디엔　　토아이　지(이) 돔　　콤

단어　**điện thoại** 명 전화기 | **di động** 동 이동하다 | **điện thoại di động** 명 휴대폰

🖐️ **어휘 더하기!**

주어 có 명사 không?에 대한 대답

명사의 소유, 존재 여부를 묻는 〈주어 có 명사 không?〉에 대한 대답으로는, 긍정일 때 có, 부정일 때에는 không 또는 không có로 나타낸다.

예 Chị có điện thoại di động không? 당신은 휴대폰이 있습니까?

(긍정) Có, tôi có điện thoại di động. 네. 저는 휴대폰이 있어요.

(부정) Không / Không có, tôi không có điện thoại di động.
　　　아니요 / 없어요. 저는 휴대폰을 가지고 있지 않아요.

Anh có người yêu không?
아잉 꺼 응어이 이에우 콤

형(오빠)는 애인이 있습니까?

người 명 사람 | yêu 동 사랑하다

Việt Nam có 4 mùa không?
비엩 남 꺼 본 무어 콤

베트남은 사계절이 있습니까?

mùa 명 계절

Hôm nay có bài tập không?
홈 나이 꺼 바이 떱 콤

오늘 숙제가 있나요?

bài tập 명 숙제

Phòng có máy lạnh không?
퐁 꺼 마이 라잉 콤

방에 에어컨이 있나요?

phòng 명 방 | máy lạnh 명 에어컨

Em có thời gian không?
앰 꺼 터이 쟌(얀) 콤

너는 시간이 있니?

thời gian 명 시간

Gần đây có trung tâm mua sắm không?
건 더이 꺼 쭘 떰 무어 쌈 콤

근처에 쇼핑센터가 있나요?

gần đây 부 근처에, 최근에 | trung tâm mua sắm 명 쇼핑센터

주어 + đi / đến / về + 목적지

[이동] ~에 가요 / ~에 도착해요 / ~에 돌아와요

주어 + đi / đến / về + 목적지

포인트 콕!

• 〈đi / đến / về + 장소〉는 이동의 의미를 가진 동사로써 뒤에 목적지를 결합하여 표현한다.

패턴 꽉!

● **đi thư viện**
디 트 비엔

도서관에 가다

● **Tôi đi thư viện.**
또이 디 트 비엔

나는 도서관에 간다.

● **đến văn phòng**
덴 반 퐁

사무실에 도착하다

● **Anh ấy đến văn phòng.**
아잉 어이 덴 반 퐁

그는 사무실에 도착한다.

● **về nước**
붸 느억

귀국하다

● **Cô ấy về nước.**
꼬 어이 붸 느억

그녀는 귀국한다.

단어 đi 동 가다 | thư viện 명 도서관 | đến 동 도착하다 | văn phòng 명 사무실 | về 동 돌아오다 | nước 명 나라

어휘 더하기!

다양한 장소명

동사 đi / đến / về와 결합할 수 있는 장소명으로, 아래 단어들을 활용하면 이동과 관련된 일상 표현을 쉽게 말할 수 있다.

công ty	회사	văn phòng	사무실	khách sạn	호텔
trường	학교	lớp	교실	tiệm cà phê	커피숍
ngân hàng	은행	chợ	시장	sân bay	공항
thư viện	도서관	bưu điện	우체국	rạp chiếu phim	영화극장
chợ	시장	hiệu sách	서점	trung tâm mua sắm	쇼핑센터
nhà	집	công viên	공원	nhà hàng (quán ăn)	식당 (작은식당)
siêu thị	슈퍼	ga	역		

Tôi đi công viên.
또이 디 꼼 뷔엔

나는 공원에 간다.

Tôi đi nhà vệ sinh.
또이 디 냐 붸 싱

나는 화장실에 간다.

công viên 통 공원 | nhà vệ sinh 명 화장실

Em đến sân bay.
엠 덴 썬 바이

저는 공항에 도착합니다.

Em đến trường.
엠 덴 쯔엉

저는 학교에 도착합니다.

sân bay 명 공항 | trường 통 학교

Chị ấy về quê.
찌 어이 붸 꿰

그녀는 고향으로 돌아간다.

Chị ấy về nhà.
찌 어이 붸 냐

그녀는 귀가한다.

quê 명 고향 | nhà 명 집

15 주어 + đi / đến / về + 동사

[이동] ~하러 가요 / ~하기 위해 도착해요 / ~하러 돌아와요

포인트 쾈!

· 〈đi / đến / về + 동사〉의 형태로 결합 시에는 '~하러 가다 / 도착하다 / 돌아오다'의 뜻으로 뒤에 결합하는 동사는 그 목적을 나타낸다.

패턴 쾈!

● **đi học**
디 홉
공부하러 가다

● **Tôi đi học.**
또이 디 홉
나는 공부하러 간다.

● **đến làm việc**
덴 람 비엑
일하려고 도착한다

● **Anh ấy đến làm việc.**
아잉 어이 덴 람 비엑
그는 일하려고 도착한다.

● **về thăm bố mẹ**
붸 탐 보 매
부모님을 방문하러 돌아오다

● **Cô ấy về thăm bố mẹ.**
꼬 어이붸 탐 보 매
그녀는 부모님을 방문하러 돌아온다.

단어 việc 명 일 | thăm 동 방문하다

어휘 더하기!

회귀의 의미를 가지는 동사 về

về는 원래 있던 장소로 돌아오는 회귀적 성격을 가지는 동사로, 본래 자신이 속해 있던 곳으로 돌아가는 경우는 반드시 về를 사용한다.

về nhà : 귀가하다	đi nhà (X)
về quê : 귀향하다	đi quê (X)
về nước : 귀국하다	đi nước (X)

단어 nhà 명 집 | quê 명 고향 | nước 명 나라

Tôi đi chụp hình.

또이 디 쭙 힝

나는 사진 찍으러 간다.

chụp 통 찍다 | hình 명 사진

Tôi đi khám bệnh.

또이 디 캄 베잉

나는 진찰받으러 간다.

khám 통 진찰하다 | bệnh 명 병

Em đến đón gia đình.

엠 덴 던 쟈(야) 딩

저는 가족을 마중하러 왔습니다.

đón 통 마중하다 | gia đình 명 가족

Em đến trả sách.

엠 덴 짜 싸익

저는 책을 반납하러 왔습니다.

trả 통 되돌려주다

Chị ấy về ăn Tết.

찌 어이 붸 안 뗏

그녀는 명절을 보내러 고향에 돌아간다.

ăn Tết 관 명절을 보내다

Chị ấy về nghỉ.

찌 어이 붸 응이

그녀는 쉬러 돌아간다.

nghỉ 통 쉬다

16

주어 + thích + 동사
[선호와 기호] ~을 좋아해요

포인트 콕!

• '좋아하다'의 뜻을 가진 'thích'은 자신의 의사를 표현할 때 일상적으로 사용되는 단어이며 뒤에는 명사와 동사 모두 결합할 수 있다.
• 베트남어에서는 형태의 변화 없이 〈동사 + 동사〉의 결합이 가능하며 '~하는 것을 …하다' 로 해석하면 된다.

패턴 꽉!

— **Tôi thích**
   또이 틱

   나는 좋아한다

— **Tôi thích bóng đá.**
   또이 틱   봄   다

   나는 축구를 좋아한다.

— **Tôi thích chơi bóng đá.**
   또이 틱   쩌이 봄   다

   나는 축구하는 것을 좋아한다.

단어 thích 동 좋아하다 | bóng đá 명 축구 | chơi 동 놀다

어휘 더하기!

취미(sở thích) / 여가(giải trí) 활동 관련 어휘

'주어 + thích + 동사' 구문에 다음과 같은 취미 관련 동사를 넣어 활용하면, 자신의 기호 및 선호 표현을 쉽게 할 수 있다.

đọc sách	독서하다	chơi bóng đá	축구하다
xem phim	영화보다	chơi bóng rổ	농구하다
xem tivi	TV보다	chơi bón bàn	탁구하다
nghe nhạc	음악을 듣다	chơi bóng chày	야구하다
chụp ảnh / hình	사진을 찍다	bơi	수영하다
nấu ăn	요리하다	chơi piano	피아노 치다
mua sắm	쇼핑하다	đánh guitar	기타 치다
hát	노래 부르다	nhảy múa	춤추다

Tôi thích **leo núi.**

또이 틱 레오 누이

나는 등산 하는 것을 좋아한다.

leo 동 올라가다 | núi 명 산

Chị thích **đi du lịch.**

찌 틱 디 쥬(유) 릭

누나(언니)는 여행 가는 것을 좋아한다.

đi 동 가다 | du lịch 동 여행하다

Mẹ thích **nấu ăn.**

매 틱 너우 안

엄마는 요리하는 것을 좋아한다.

nấu ăn 동 요리하다

Tôi thích **nghe nhạc.**

또이 틱 응애 냑

나는 음악 듣는 것을 좋아한다.

nghe 동 듣다 | nhạc 명 음악

Chị ấy thích **lái xe.**

찌 어이 틱 라이 쌔

그녀는 운전하는 것을 좋아한다.

lái xe 동 운전하다

Tôi thích **hát.**

또이 틱 핟

나는 노래하는 것을 좋아한다.

hát 동 노래하다

주어 + muốn + 동사

[선호와 기호] ~을 원해요

포인트 콕!

• '원하다'의 뜻을 가진 'muốn'은 자신의 의사를 표현할 때 일상적으로 사용되는 단어이며, 뒤에는 명사와 동사 모두 결합 가능하고, 자신의 기호 및 의사를 표현하기 위해 사용하는 동사이다.

패턴 콱!

- **tôi muốn**
  또이 무온

  나는 원한다

- **Tôi muốn áo màu trắng.**
  또이 무온   아오 마우   짱

  나는 흰색 셔츠를 원한다.

- **Tôi muốn lấy áo màu trắng.**
  또이 무온   러이 아오 마우   짱

  나는 흰색 셔츠를 선택하길 원한다.

단어   muốn 동 원하다 | lấy 동 선택하다 | áo 명 셔츠 | màu 명 색깔 | trắng 형 흰색의

어휘 더하기!

동사 + 동사의 결합

베트남어에서는 형태의 변화 없이 〈동사 + 동사〉의 결합이 가능하며 '~하는 것을 …하다'로 해석하면 된다. 또한 두 개 또는 세 개의 동사를 연이어 사용할 수 있다.

예 〈동사 + 동사〉 Tôi đi ăn cơm. 나는 밥 먹으러 간다.

〈동사 + 동사 + 동사〉 Tôi muốn đi ăn cơm. 나는 밥 먹으러 가길 원한다.

Tôi muốn gửi thư.

또이 무온 그이 트

나는 편지 보내길 원한다.

gửi 동 보내다 | thư 명 편지

Tôi muốn xem tivi.

또이 무온 쌤 띠비

나는 TV를 보길 원한다.

xem 동 보다 | tivi 명 TV

Anh ấy muốn nghỉ.

아잉 어이 무온 응이

그는 쉬길 원한다.

nghỉ 동 쉬다

Em ấy muốn đi ra.

엠 어이 무온 디 쟈(라)

그 아이는 나가길 원한다.

đi 동 가다 | ra 동 나가다

Tôi muốn đặt phòng.

또이 무온 닫 퐁

나는 방을 예약하길 원한다.

đặt 동 예약하다 | phòng 명 방

Em muốn tham quan Hà Nôi.

엠 무온 탐 꽌 하 노이

저는 하노이를 관광하고 싶습니다.

tham quan 동 관광하다

● **67**

04장

상태를 나타내는
"형용사 다양하게 표현하기"

문화4 베트남을 대표하는 교통수단 오토바이

18) [정도] 조금 / 꽤 / 매우 ~해요
19) [정도] 매우 ~하구나!
20) [동급과 비교급] ~ 만큼 / ~보다 … 해요
21) [최상급] 가장 ~해요

베트남?

문화 **4** 베트남을 대표하는 교통수단 오토바이

04 베트남을 대표하는 교통수단 오토바이

외국인들이 베트남에 가서 받는 가장 큰 문화충격은 바로 엄청난 오토바이의 물결이다. 오토바이는 베트남 사람들에게는 없어서는 안 될 가장 중요한 수단이다. 물론 요즘은 자동차의 수도 조금씩 증가하고 있기는 하지만, 그래도 여전히 베트남 도로에는 수많은 오토바이로 가득 차 있다. 2015년 기준으로, 등록된 오토바이의 수는 4,400만대로 대만에 이어 세계 2위의 오토바이 보유국으로 자리 잡고 있다.

(사진 : Images.vietpress.vn)

베트남이라는 나라에서 오토바이는 단순한 교통수단을 넘어, 베트남 사람들의 삶 속에 깊숙이 들어와 있는 하나의 상징이라 볼 수 있다. 그러므로 다른 나라에서는 흔히 볼 수 없는 생활 속에 다양한 광경 또한 만나볼 수 있는데 오토바이로 엄청난 크기의 짐을 나르거나, 일가족 모두가 한 오토바이에 탄 모습, 더운 날씨를 피하기 위해 머리부터 발끝까지 무장하고 타는 모습, 비 오는 날의 우비를 쓰고 달리는 모습 등은 우리에게 매우 재미있게 느껴지는 모습이다.

(사진 : nld.vcmedia.vn)

또한 이 오토바이를 이용한 베트남의 특별한 교통수단이 있는데, 바로 오토바이 택시인 쎄옴이다. 쎄옴은 '안고 타는 차'라는 뜻을 가지고 있는데, 뒤에 타는 승객이 앞의 기사를 안고 간다는데서 유래된 이름이라고 한다. 쎄옴 역시 베트남 사람들이 일반 승용차 택시보다 더 많이 이용하고 있는데, 길거리 어디에서나 쉽게 접할 수 있으며 가격이 저렴하고 또 흥정할 수도 있다는 것이 큰 매력이다.

베트남에 간다면, 오토바이를 빌려서 직접 타거나 길거리의 쎄옴을 이용해 본다면, 베트남 사람들의 삶을 조금 더 가깝게 느낄 수 있을 것이다.

주어 + hơi / khá / rất + 형용사

[정도] 조금 / 꽤 / 매우 ~해요

주어 + hơi / khá / rất + 형용사

포인트 콕!

- 'hơi(조금), khá(꽤), rất(매우)'는 형용사의 정도를 표현하는 강조 부사로써, 형용사 앞에 사용한다.
- 〈주어 + 형용사〉문장에서 습관적으로 함께 자주 사용되는 표현이다.

패턴 꽉!

- **Tôi mệt.**
  또이 멭   나는 지친다.

- **Tôi hơi mệt.**
  또이 허이 멭   나는 조금 지친다.

- **Tôi khá mệt.**
  또이 카 멭   나는 꽤 지친다.

- **Tôi rất   mệt.**
  또이 젼(렏) 멭   나는 매우 지친다.

단어 mệt 형 지친 | hơi 부 조금 | khá 부 꽤 | rất 부 매우

어휘 더하기!

그 밖에 형용사 강조 부사

이 외에도, thật과 quá 역시 형용사를 강조하는 부사로 이 둘은 형용사의 앞, 뒤 모두 사용 가능한 부사이다. thật의 경우, '진실로'의 뜻으로 감탄문 적 성격을 나타낸다. quá의 경우 형용사의 앞에 쓰면 '지나치게 ~하다'의 의미로 그 정도가 매우 넘침을, 뒤에 쓰면 '매우~하다'의 의미를 나타낸다.

예 Đường này thật hẹp! / Đường này hẹp thật! 이 길은 정말로 좁아!

　 Đường này quá hẹp. / Đường này hẹp quá! 이 길은 지나치게 좁다. / 이 길은 매우 좁아!

단어 đường 명 길 | hẹp 형 좁은

Tôi hơi **buồn.**

또이 허이 부온

나는 조금 슬프다.

buồn 형 슬픈

Cà phê đen hơi **đắng.**

까 페 댄 허이 당

블랙 커피는 조금 쓰다.

cà phê đen 명 블랙커피 | đắng 형 쓴

Anh ấy khá **thất vọng.**

아잉 어이 카 털 봄

그는 꽤 실망했다.

thất vọng 형 실망한

Xe ô tô khá **tốt.**

쎄 오 또 카 똗

차가 꽤 좋다.

xe ô tô 명 자동차 | tốt 형 좋은

Chúng tôi rất **vui.**

쭘 또이 젿(럳) 부이

우리는 매우 기쁘다.

vui 형 즐거운

Chúng tôi rất **hạnh phúc.**

쭘 또이 젿(럳) 하잉 풉

우리는 매우 행복하다.

hạnh phúc 형 행복한

19

주어 + 형용사 + lắm / quá!

[정도] 매우 ~하구나!

포인트 콕!

- 'lắm / quá (매우)'는 형용사의 정도를 표현하는 강조 부사로써, 형용사 뒤에 사용한다.
- 형용사 뒤에 강조 부사가 위치할 경우 구어체 느낌이 강하며 감탄문의 성격을 가진다.

패턴 꽉!

- **xa**
  싸
  멀다

- **xa lắm! / quá!**
  싸   람   꾸아
  매우 멀다!

- **Đi Seoul xa lắm! / quá!**
  디 서울   싸 람   꾸아
  서울 가는 것은 매우 멀어!

단어 xa 형 먼 | lắm 부 매우 | quá 부 매우

어휘 더하기!

베트남어의 동명사

베트남어는 고립어이기 때문에 동사 또는 동사구가 형태 변화 없이 동명사 역할을 할 수 있어 주어로
사용 가능하며, 자연스럽게 '~하는 것은'으로 해석한다.

예 Đi SaPa xa lắm! / quá! 싸파 가는 것은 매우 멀어!

Anh ấy thông minh lắm! / quá!

아잉 어이톰 밍 람 꾸아

그는 매우 똑똑해!

thông minh 형 똑똑한

Trái cây tươi lắm! / quá!

짜이 꺼이 뜨어이 람 꾸아

과일이 매우 신선해!

trái cây 명 과일 | tươi 형 신선한

Thời tiết hôm nay mát lắm! / quá!

터이 띠엗 홈 나이 맏 람 꾸아

오늘 날씨가 매우 선선해!

thời tiết 명 날씨, 기후 | hôm nay 명 오늘 | mát 형 선선한

Xe buýt chậm lắm! / quá!

쎄 부읻 쩜 람 꾸아

버스가 매우 느려!

xe buýt 명 버스 | chậm 형 느린

Giá đắt lắm! / quá!

쟈 닫 람 꾸아

가격이 매우 비싸네!

giá 명 가격 | đắt 형 비싼

Chanh chua lắm! / quá!

짜잉 쭈어 람 꾸아

레몬은 매우 셔!

chanh 명 레몬 | chua 형 신

주어 + 형용사 + **bằng** (như) / **hơn** + 비교 대상

[동급과 비교급] ~ 만큼 / ~보다 … 해요

포인트 콕!

- bằng과 như는 '~만큼', '~처럼'의 뜻으로 동급을, hơn은 '~보다'의 뜻으로 비교급의 의미를 가진다. 형용사의 뒤에, 비교 대상 앞에 위치한다.

패턴 꽉!

● **Tôi cao.**
또이 까오

나는 키가 크다.

● **bằng anh trai**
방 아잉 짜이

형(오빠)만큼

● **hơn anh trai**
헌 아잉 짜이

형(오빠) 보다

● **Tôi cao bằng anh trai.**
또이 까오 방 아잉 짜이

나는 형(오빠)만큼 키가 크다.

● **Tôi cao hơn anh trai.**
또이 까오 헌 아잉 짜이

나는 형(오빠)보다 키가 크다.

단어 cao 형 키가 큰 | bằng 전 ~만큼 | hơn 전 ~보다

어휘 더하기!

A và B형 bằng (như) nhau : A와 B는 서로 같게 ~하다.

비교의 두 대상 모두를 주어로 하여 동급을 표현할 때에는 접속사 và(그리고)로 두 대상을 연결해주며, '서로'의 뜻을 가진 부사 nhau를 문장 끝에 붙여 표현한다.

예 Tôi và anh trai cao bằng nhau. 나와 형(오빠)은 서로 같게 키가 크다. (키가 같다.)

Phòng này rộng bằng phòng kia.
폼　　나이　쫌　방　　폼　　끼어

이 방은 저 방만큼 넓다.

Phòng này rộng hơn phòng kia.
폼　　나이　쫌　헌　폼　　끼어

이 방은 저 방보다 넓다.

phòng 명 방 | rộng 형 넓은

Hôm nay nóng bằng hôm qua.
홈　나이　놈　방　홈　꾸아

오늘은 어제만큼 덥다.

Hôm nay nóng hơn hôm qua.
홈　나이　놈　헌　홈　꾸아

오늘은 어제보다 덥다.

hôm nay 명 오늘 | hôm qua 명 어제

Cô ấy xinh như diễn viên.
꼬　어이 씽　　느　　지(이)엔 비엔

그녀는 배우처럼 예쁘다.

Cô ấy xinh hơn diễn viên.
꼬　어이 씽　　헌　　지(이)엔 비엔

그녀는 배우보다 예쁘다.

xinh 형 예쁜 | diễn viên 명 배우

주어 + 형용사 + nhất

[최상급] 가장 ~해요

포인트 콕!

• nhất은 '가장~한'의 뜻으로, 형용사의 뒤에 쓰여 최상급의 뜻을 나타낸다.

패턴 꽉!

● **trẻ**   젊은
째

● **trẻ nhất**   가장 젊다
째   녇

● **Tôi trẻ nhất.**   내가 가장 젊다.
또이 째   녇

단어 trẻ 형 젊은 | nhất 부 가장 ~인 | trong 전 ~안에 | công ty 명 회사

어휘 더하기!

'패턴 꽉!'에서의 표현을 확장하여, 최상급 표현 뒤에 한정해 주는 표현이 함께 올 때는 '~안에'의 뜻을 가진 전치사 trong을 사용하여 나타낸다.

예 Tôi trẻ nhất trong công ty. 내가 회사에서 가장 젊다.

단어 trong 전 ~안에 | công ty 명 회사

Đường này gần nhất.
드엉   나이   건   녇

이 길이 가장 가깝다.

đường 몡 방 | gần 몡 가까운

Bạn gái tôi dễ thương nhất.
반   가이   또이 제(예) 트엉   녇

내 여자친구가 가장 귀엽다.

bạn gái 몡 방 | dễ thương 몡 귀여운

Đi máy bay nhanh nhất.
디   마이   바이   냐잉   녇

비행기로 가는 게 가장 빠르다.

máy bay 몡 비행기 | nhanh 몡 빠른

Anh ấy giàu nhất trong làng.
아잉   어이   쟈(야)우 녇   쫌   랑

그는 마을 안에서 가장 부유하다.

giàu 몡 부유한 | làng 몡 마을

Tôi thấp nhất trong gia đình.
또이   텁   녇   쫌   쟈(야) 딩

나는 가족 중에 가장 (키가) 작다.

thấp 몡 (키가)작은, 낮은 | gia đình 몡 가족

Em ấy học giỏi nhất trong lớp.
엠   어이 홉   져(여)이 녇   쫌   럽

그 아이는 교실에서 가장 공부를 잘한다.

học 몡 공부하다 | giỏi 몡 잘하는 | lớp 몡 교실

05장

질문을 만들 때 필요한
"핵심 의문사"

문화5 ▸ 베트남에서 직접 여행 다녀보기

22) ~맞죠? / ~죠?

23) 무엇 / 무슨

24) 누가 / 누구

25) 어느 / 어떤

26) 어디에 / 어디를

27) 언제

28) 왜

29) 어떠한

30) 어떻게

31) 기간, 개수, 가격, 나이 묻기

32) 날짜, 순서 묻기

33) 몇 시

34) 얼마나 오래

베트남?

베트남에서 직접 여행 다녀보기

베트남은 관광국으로도 널리 알려져, 투어 관광으로 많은 사람이 한 번쯤 방문해보는 동남아시아의 국가 중 하나이기도 하다. 하지만 현지를 조금 더 가깝게 느껴보기 위해서는 직접 여행을 해볼 것을 추천한다. 물론, 처음에는 조금 막막할 수도 있지만, 현지의 관광사를 이용하면 편하고 저렴하게, 또 다양한 외국인들과 함께 여행을 즐길 수 있다.

[여행까페인 씬까페 모습] (사진 : diachiso.vn)

베트남의 현지 여행사는 대부분 비슷한 투어 프로그램과 요금 체계를 가지고 있으니 어느 곳을 선택하여도 관계없다. 일반적으로 여행자가 많이 다니는 거리인 하노이의 하 띠엔 거리(Phố Hạ Tiện), 호찌밍의 데탐 거리(Đường Đề Thám)에 ['길'이라는 단어는 하노이에서는 Phố로, 호찌밍에서는 Đường으로 일반적으로 사용한다.] 있는 여행사들이 믿음직하며, 다른 나라의 관광객들도 밀집해 있어 이야기를 나누며 소통하기 좋다.

또한, 장거리 이동 시에는 베트남에 있는 특별한 여행 버스인 침대 버스를 이용해볼 수도 있으며 무엇보다, 장소마다 다양한 프로그램이 제공되어 있어 투어 여행에도 불구하고 자신의 취향에 맞게 자유여행처럼 여행할 수 있고, 또 외국인 관광객들과 자연스럽게 친구가 될 수 있다는 게 현지 여행 투어의 가장 큰 매력이다.

[침대 버스의 모습] (사진 : hyundaithudo.com.vn)

주어 + 동사/ 형용사 + phải không / à?

~맞죠? / ~죠?

포인트 콕!

- '옳은'의 뜻을 가진 형용사 phải를 사용하여 만드는 ~phải không?은 부가의문문 형식으로, 문장 끝에 사용하여 앞의 내용에 대한 사실을 확인하는 구문이다.
- à는 문장 끝에 사용하여 평서문을 의문문으로 만드는 역할을 한다.
- 두 가지 모두 평서문 뒤에 붙여 간단히 의문문으로 만들 수 있는 구문이다.

패턴 콕!

- **nước dừa**
  느억 즈어(느어)

  코코넛 주스

- **là nước dừa**
  라 느억 즈어(느어)

  코코넛 주스이다

- **Đây là nước dừa.**
  더이 라 느억 즈어(느어)

  이것은 코코넛 주스이다.

- **Đây là nước dừa   phải không / à?**
  더이 라 느억 즈어(느어) 퐈이 콤   아

  이것은 코코넛 주스에요?

단어 nước 명 물 | dừa 명 코코넛 | đây 대 이것

어휘 더하기!

~ đúng không? (~맞죠?)

'~ phải không?' 과 바꾸어 쓸 수 있는 부가의문 형식으로, phải와 같은 뜻을 가지는 형용사 đúng(옳은, 맞는)을 활용하여 물어보는 형태이다.

예 Đây là nước cam đúng không? 이것은 오렌지 주스가 맞죠?

단어 cam 명 오렌지

Anh là kỹ sư phải không? / à?

아잉 라 끼 쓰 퐈이 콤 아

당신은 기사입니까?

| kỹ sư 명 기사(엔지니어) |

Chị tự học tiếng Việt phải không? / à?

찌 뜨 홉 띠엥 비엗 퐈이 콤 아

당신은 베트남어를 독학해요?

| tự học 동 독학하다 | tiếng Việt 명 베트남어 |

Bạn ấy là người Thái Lan phải không? / à?

반 어이 라 응어이 타이 란 퐈이 콤 아

그 친구는 태국 사람입니까?

| người 명 사람 | Thái Lan 명 태국 |

Anh chuyển công ty phải không? / à?

아잉 쭈옌 꼼 띠 퐈이 콤 아

당신은 회사를 옮기나요?

| chuyển 동 옮기다 | công ty 명 회사 |

Kia là siêu thị phải không? / à?

끼어 라 씨에우 티 퐈이 콤 아

저기가 슈퍼죠?

| kia 명 저기 | siêu thị 명 슈퍼 |

Chị đeo kính phải không? / à?

찌 대오 낑 퐈이 콤 아

당신은 안경을 끼나요?

| đeo 동 (액세서리 등)착용하다 | kính 명 안경 |

주어 + 동사 (+ 목적어) + gì?

무엇 / 무슨

포인트 콕!

- gì는 '무엇/무슨'의 뜻을 가진 의문사로써 도치가 일어나지 않으며, 목적어 또는 목적 보어 자리에 넣어 사용한다.

 패턴 꽉!

gì 지	무엇
là gì? 라 지	무엇입니까?
tên là gì? 뗀 라 지	이름이 무엇입니까?
Anh tên là gì? 아잉 뗀 라 지	당신 이름이 무엇입니까?

단어　tên 명 이름 ｜ gì 대 무엇, 무슨

어휘 더하기!

이름 묻기

상대의 이름을 물어볼 때는 다음과 같이 다양한 방식으로 물어볼 수 있다.

- Anh tên là gì? 당신 이름이 무엇입니까?
- Tên (của) anh là gì? 당신의 이름은 무엇입니까?

Cái này là cái gì?
까이 나이 라 까이 지

이것은 무엇입니까?

cái này 때 이것

Đây là món gì?
더이 라 먼   지

이것은 무슨 음식입니까?

món 명 음식

Bạn học môn gì?
반 홉 몬 지

너는 무슨 과목을 공부하니?

học 동 공부하다 | môn 명 과목

Chị làm nghề gì?
찌 람 응에 지

당신은 무슨 직업으로 일합니까?

làm 동 일하다, 하다, 만들다 | nghề 명 직업

Bạn đi bằng gì?
반 디 방 지

너는 무엇으로써 가니? (무엇을 타고 가니?)

bằng 전 ~으로써

Bạn muốn uống gì?
반 무온 우옹 지

너는 무엇을 마시고 싶니?

uống 동 마시다

Ai + 동사 + 목적어? / 주어 + 동사 + ai?
누가 / 누구

👉 **포인트 콕!**

• ai는 '누가/누구'의 뜻을 가진 의문사로써 도치 없이 주어 또는 목적어 자리에 넣어준다.

👆 **패턴 꽉!**

ai 아이	누가
dạy tiếng Việt 쟈(야)이 띠엥 비엣	베트남어를 가르치다
Ai dạy tiếng Việt? 아이 쟈(야)이 띠엥 비엣	누가 베트남어를 가르치니?
ai 아이	누구
là ai? 라 아이	누구입니까?
Người dạy tiếng Việt là ai? 응어이 쟈(야)이 띠엥 비엣 라 아이	베트남어를 가르치는 사람은 누구입니까?

단어 ai 의 누구, 누가 | dạy 동 가르치다 | tiếng Việt 명 베트남어

✋ **어휘 더하기!**

다양한 직업(nghề nghiệp)명

사람과 관련된 의문사 ai의 활용 관련하여, 아래와 같은 다양한 직업명의 어휘를 활용하여 확장할 수 있으며, 또한 직업과 관련한 회화 표현으로도 활용할 수 있다.

học sinh	학생 (초중고)	sinh viên	대학생
giáo viên	선생님	giáo sư	교수
nhân viên	직원	giám đốc	사장
bác sĩ	의사	y tá	간호사
cảnh sát / công an	경찰	luật sư	변호사
công nhân	노동자	nông dân	농부
ca sĩ	가수	nhạc sĩ	음악가
diễn viên	배우	kiến trúc sư	건축가
nhà bếp	요리사	phóng viên	기자

Ai là người nước ngoài?

아이라 응어이   느억   응오아이

누가 외국인입니까?

| là 통 ~이다 | người 명 사람 | nước ngoài 명 외국 |

Ai đi công tác?

아이 디 꼼   딱

누가 출장을 갔습니까?

| đi 통 가다 | công tác 명 출장, 업무 |

Ai vẽ tranh?

아이 붸 쨔잉

누가 그림을 그렸나요?

| vẽ 통 그리다 | tranh 명 그림 |

Người nộp hồ sơ là ai?

응어이   놉 호 서 라 아이

서류를 낸 사람은 누구입니까?

| nộp 통 제출하다 | hồ sơ 명 서류 |

Bạn tìm ai?

반   띰 아이

너는 누구를 찾니?

| tìm 통 찾다 |

Bạn đi chơi với ai?

반   디 쩌이 붜이 아이

너는 누구와 함께 놀러 가니?

| đi 통 가다 | chơi 통 놀다 | với 전 ~와(함께) |

주어 + 동사 + 목적어 + nào?

어느 / 어떤

포인트 콕!

- 'nào'는 '어느, 어떤'의 뜻을 가진 의문사로 주로 구체적이고 선택 안이 있는 상황에서 사용하며 반드시 '명사 + nào'의 형태로 앞에 명사와 함께 사용한다.

패턴 꽉!

- **nào**
  나오

  어느

- **người nước nào**
  응어이　느억　나오

  어느 나라 사람

- **Anh là người nước nào?**
  아잉　라　응어이　느억　나오

  당신은 어느 나라 사람입니까?

단어　nào 의 어느, 어떤 | người 명 사람 | nước 명 나라

어휘 더하기!

국적 묻고 답하기

패턴 꽉에서의 문장을 활용하여, 다음과 같이 국적을 묻고 답할 수 있다.

Ⓐ Anh là người nước nào? 당신은 어느 나라 사람입니까?

Ⓑ Tôi là người Hàn Quốc. 저는 한국 사람입니다.

Chị chọn màu nào?

찌 쫀 마우 나오

당신은 어떤 색깔을 선택합니까?

chọn 동 선택하다 | màu 명 색깔

Bạn đi ngày nào?

반 디 응아이 나오

너는 어느 날에 가니?

đi 동 가다 | ngày 명 날

Anh ở khách sạn nào?

아잉 어 카익 산 나오

당신은 어느 호텔에 머무릅니까?

ở 동 머무르다 | khách sạn 명 호텔

Em muốn ăn loại bánh nào?

앰 무온 안 로아이 바잉 나오

너는 어떤 빵 종류를 먹길 원하니?

muốn 동 원하다 | ăn 동 먹다 | loại 명 종류 | bánh 명 빵

Anh thích kiểu áo nào?

아잉 틱 끼에우 아오 나오

당신은 어떤 옷 스타일을 좋아합니까?

thích 동 좋아하다 | kiểu 명 스타일 | áo 명 옷

Bạn chuyển nhà đến thành phố nào?

반 쭈옌 냐 덴 타잉 포 나오

너는 어느 도시로 이사가니?

chuyển 동 옮기다 | nhà 명 집 | đến 동 도착하다, 오다 | thành phố 명 도시

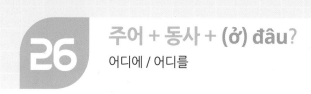

26

주어 + 동사 + (ở) đâu?
어디에 / 어디를

👉 **포인트 콕!**

• 'đâu'는 '어디'의 뜻을 가진 의문사로 문장 끝에 위치한다. 단독으로 쓰이기도 하지만, '~에서', '~에 있다'의 뜻을 가진 전치사 또는 동사 역할의 ở와 결합한 형태로 많이 사용된다.

✌ **패턴 꽉!**

● **đâu**　　　　　　　　　　　어디
　더우

● **ở đâu**　　　　　　　　　　어디에서
　어 더우

● **sống ở đâu?**　　　　　　　어디에서 삽니까?
　쏨　　어 더우

● **Chị sống ở đâu?**　　　　　당신은 어디에서 삽니까?
　찌　쏨　　어 더우

단어　đâu 의 어디 | ở 전 ~에서 | sống 동 살다

✌ **어휘 더하기!**

'ở' 의 쓰임

의문대사 đâu와 자주 결합하는 'ở'의 경우 전치사와 동사의 쓰임을 모두 가지고 있는 단어이다.

예 Trường em ở đâu? 너의 학교는 어디에 있습니까?　→ 동사 역할 (~에 (위치해)있다)

　 Bạn học ở đâu?　　 너는 어디에서 공부하니?　　　→ 전치사 역할 (~에서)

단어　trường 명 학교 | học 동 공부하다

Chúng ta uống cà phê ở đâu?

쭘 따 우옴 까 페 어 더우

우리 어디서 커피를 마실까?

| uống 동 마시다 | cà phê 명 커피 |

Chị mua thuốc ở đâu?

찌 무어 투옵 어 더우

누나(언니)는 약을 어디에서 샀나요?

| mua 동 사다 | thuốc 명 약 |

Bạn xem phim ở đâu?

반 쌤 핌 어 더우

너는 어디에서 영화를 보니?

| xem 동 보다, 시청하다 | phim 명 영화 |

Anh chơi thể thao ở đâu?

아잉 쩌이 테 타오 어 더우

당신은 어디서 운동을 하나요?

| chơi thể thao 동 운동하다 |

Chị tập Yoga ở đâu?

찌 떱 요가 어 더우

당신은 어디서 요가를 하나요?

| tập 동 연습하다, (운동을)하다 | yoga 명 요가 |

Chị cắt tóc ở đâu?

찌 깥 똡 어 더우

당신은 어디서 머리를 자르나요?

| cắt 동 자르다 | tóc 명 머리카락 |

bao giờ / khi nào / lúc nào
언제

포인트 콕!

미래 : bao giờ / khi nào / lúc nào + 주어 + 동사
과거 : 주어 + 동사 + bao giờ / khi nào / lúc nào?

- bao giờ / khi nào / lúc nào'는 '언제'의 뜻을 가지며 위치에 따라 시제의 성격이 달라지는 의문사이다. 문두에 위치할 경우 미래의 의미(언제 ~할거예요?)를, 문미에 위치할 경우 과거의 의미(언제 ~했어요?)를 가진다.

패턴 꽉!

- **khi nào**   언제
  키   나오

- **chúng ta gặp nhau**   우리는 서로 만나다
  쫌   따 갑   냐우

- **Khi nào chúng ta gặp nhau?**   언제 우리 (서로) 만날래요?
  키   나오 쫌   따 갑   냐우

단어 khi nào 의 언제 | gặp 동 만나다 | nhau 부 서로

어휘 더하기!

khi / lúc (~때)

khi / lúc은 단독으로는 '~때(에)'의 뜻을 가지며, 시점을 나타내기 위한 표현이다. lúc은 khi 보다 구체적이고 짧은 시간을 표현한다.

예 Khi đi làm, tôi đi bằng xe buýt. 일하러 갈 때, 나는 버스로 간다.

　　Tôi đến công ty lúc 8 giờ sáng. 나는 아침 8시에 회사에 도착한다.

단어 bằng 전 ~로써 | xe buýt 명 버스 | công ty 명 회사 | giờ 명 시 | sáng 명 아침

94 •

Bao giờ anh đi ra ngoài?

바오 져 아잉 디 쟈(라) 응오아이

형/오빠는 언제 나갈 거예요?

| đi 동 가다 | ra 동 나가다 | ngoài 형 밖의 |

Khi nào bạn đăng ký lớp tiếng Anh?

키 나오 반 당 끼 럽 띠엥 아잉

너는 언제 영어 수업을 등록할거니?

| đăng ký 동 등록하다 | lớp 명 교실, 수업 | tiếng Anh 명 영어 |

Lúc nào bạn sửa máy lạnh?

룹 나오 반 쓰어 마이 라잉

너는 언제 에어컨을 수리할 거니?

| sửa 동 수리하다 | máy lạnh 명 에어컨 |

Chị mua máy vi tính khi nào?

찌 무어 마이 뷔 띵 키 나오

당신은 언제 컴퓨터를 샀어요?

| mua 동 사다 | máy vi tính 명 컴퓨터 |

Anh gửi hành lý bao giờ?

아잉 그이 하잉 리 바오 져

당신은 언제 짐을 보냈나요?

| gửi 동 보내다 | hành lý 명 짐 |

Bạn đổi xe máy lúc nào?

반 도이 쌔 마이 룹 나오

당신은 언제 오토바이를 바꾸었나요?

| đổi 동 바꾸다 | xe máy 명 오토바이 |

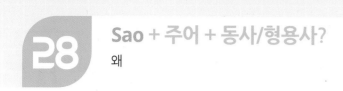

28

Sao + 주어 + 동사/형용사?
왜

✍️ **포인트 콕!**

• 'sao'는 '왜'의 뜻을 가지며 문두에 사용하여 주어의 행위 또는 상태의 이유를 물어볼 때 사용한다.

👆 **패턴 꽉!**

● **sao**
싸오
왜

● **mua điện thoại di động mới**
무어 디엔   토아이 지(이) 돔   머이
새 휴대폰을 사다

● **Sao bạn mua điện thoại di động mới?**
싸오 반   무어 디엔   토아이 지(이) 돔   머이
왜 넌 새 휴대폰을 사니?

단어 sao 의 왜 | mua 동 사다 | điện thoại di động 명 휴대폰 | mới 형 새로운

✌️ **어휘 더하기!**

이유 묻고 답하기

이유를 묻는 Sao에 대한 대답으로, '~이기 때문에'라는 뜻을 가진 접속사 Vì로 대답한다.

Ⓐ Sao bạn mua điện thoại di động mới? 왜 넌 새 휴대폰을 사니?

Ⓑ Vì điện thoại của mình bị hỏng rồi. 왜냐하면 나의 휴대폰은 고장났기 때문이야.

단어 bị hỏng 형 고장난 | rồi 부 이미 ~인

Sao chị tức giận?

싸오 찌 뜩 젼(연)

왜 누나(언니)는 화가 났나요?

tức giận 동 화내다

Sao bạn bị gãy chân?

싸오 반 비 가이 쩐

왜 너는 다리가 부러졌니?

bị gãy 동 부러지다 | chân 명 다리

Sao bệnh viện đóng cửa?

싸오 베잉 뷔엔 돔 끄어

왜 병원이 문을 닫았지?

bệnh viện 명 병원 | đóng 동 닫다 | cửa 명 문

Sao bạn đến muộn?

싸오 반 덴 무온

왜 너는 늦게 도착하니?

đến 동 도착하다 | muộn 형 늦은, 늦게

Sao anh thôi việc?

싸오 아잉 토이 비엑

왜 형(오빠)는 일을 그만두나요?

thôi 동 그만두다 | việc 명 일

Sao bạn tham gia dự thi?

싸오 반 탐 쟈(야) 즈 티

왜 너는 경연에 참가하니?

tham gia 동 참가하다 | dự thi 명 경연

주어 + thế nào?
어떠한

📣 **포인트 콕!**

• thế nào는 '어떠한'의 뜻을 가진 의문사로써, 문장 끝에 붙여 대상의 상태를 물어보기 위해 사용한다.

👉 **패턴 꽉!**

● **thế nào**　　　　　　　　　　　　　　어떠한
　　테　　　나오

● **Trời thế nào?**　　　　　　　　　　날씨 어때요?
　　쩌이　테　　나오

● **Hôm nay trời thế nào?**　　　　오늘 날씨 어때요?
　　홈　　나이　쩌이　테　나오

단어　hôm nay 명 오늘 | trời 명 하늘, 날씨 | thế nào 의 어떠한

✌️ **어휘 더하기!**

날씨표현

날씨를 표현할 때에는, 'trời'(날씨)를 주어로 사용하여 말한다. '패턴 꽉!'의 질문에 대한 다양한 답변으로 활용할 수 있다.

Trời đẹp	날씨가 좋다	Trời nắng	날씨가 화창하다
Trời mưa	비가 오다	Trời có tuyết	눈이 오다
Trời nóng	날씨가 덥다	Trời lạnh	날씨가 춥다
Trời ấm	날씨가 따뜻하다	Trời mát	날씨가 선선하다
Trời có mây	구름이 끼다	Trơi có bão	태풍이 분다

🅐 Hôm nay trời thế nào? 오늘 날씨 어때요?

🅑 Hôm nay trời nóng lắm! 오늘은 매우 더워요!

Tính cách của cô ấy thế nào?

띵 까익 꾸어 꼬 어이 테 나오

그녀의 성격은 어때요?

tính cách 몡 성격

Kết quả thi thế nào?

껠 꾸아 티 테 나오

시험 결과는 어때요?

kết quả 몡 결과 | thi 몡 시험

Tiệm mát xa đó thế nào?

띠엠 맏 싸 더 테 나오

그 마사지 샵은 어때요?

tiệm 몡 가게 | mát xa 몡 마사지 | đó 혱 그

Món ăn Việt Nam thế nào?

먼 안 비엗 남 테 나오

베트남 음식은 어때요?

món ăn 몡 음식

Sức khỏe của ông bà thế nào?

슥 쾌 꾸어 옴 바 테 나오

할아버지 할머니의 건강은 어때요?

sức khỏe 몡 건강

Phong cảnh ban đêm thế nào?

퐁 까잉 반 뎀 테 나오

야경은 어때요?

phong cảnh 몡 풍경 | (ban) đêm 몡 밤

30 주어 + 동사 + thế nào?
어떻게

포인트 콕!

• thế nào가 동사와 결합 시에는 '어떻게'의 뜻을 가지며, 동사 뒤에 붙여 그 방법을 물어보기 위해 사용한다.

패턴 꽉!

● **thế nào** 어떻게
　테　　나오

● **đi Nha Trang thế nào?** 냐짱에 어떻게 가요?
　디 냐　짱　 테 나오

● **Chị đi Nha Trang thế nào?** 누나(언니)는 냐짱에 어떻게 가요?
　찌 디 냐　짱　 테 나오

단어　đi 통 가다 | thế nào 의 어떻게

어휘 더하기!

교통 수단명

교통수단을 묻고 답하는 표현으로, 다음의 교통수단 관련 어휘를 활용하여 대화를 완성할 수 있다.

Ⓐ Chị đi Nha Trang thế nào? 누나(언니)는 냐짱에 어떻게 가요?
Ⓑ Chị đi bằng xe buýt. 누나(언니)는 버스를 타고 가.

xe máy	오토바이	xe đạp	자전거
xe buýt	버스	xe hơi (ô tô)	자동차
xe tắc xi	택시	tàu hỏa (xe lửa)	기차
tàu thủy	배	máy bay	비행기
xe ôm	쎄옴(오토바이 택시)	xích lô	씩로

Anh giải quyết thế nào?

아잉 쟈(야)이 꾸옡   테 나오

형(오빠)은 어떻게 해결하나요?

giải quyết 동 해결하다

Chị nấu lẩu hải sản thế nào?

찌 너우 러우 하이 산 테 나오

누나(언니)는 해산물 찌개를 어떻게 요리하나요?

nấu 동 요리하다 | lẩu 명 찌개 | hải sản 명 해산물

Anh viết văn thế nào?

아잉 비엩 반 테 나오

형(오빠는)은 어떻게 글을 쓰나요?

viết 동 (글을) 쓰다 | văn 명 글

Em lắp đặt thế nào?

앰 랍 닫 테 나오

너는 어떻게 조립했니?

lắp đặt 동 조립하다

Chị tìm đường thế nào?

찌 띰 드엉 테 나오

누나(언니)는 어떻게 길을 찾아요?

tìm 동 찾다 | đường 명 길

Từ này phát âm thế nào?

뜨 나이 팓 엄 테 나오

이 단어는 어떻게 발음 하나요?

từ 명 단어 | này 형 이 | phát âm 동 발음하다

31 mấy / bao nhiêu + 명사?

기간, 개수, 가격, 나이 묻기

✍️ **포인트 콕!**

• 수와 관련한 의문사 mấy와 bao nhiêu가 명사 앞에 사용하는 경우 명사의 총합을 물어보는 표현이 된다. mấy는 10 이하의 수 범위 내에서, bao nhiêu는 그 이상의 넓은 범위의 수를 표현할 때 사용한다.

✋ **패턴 콕!**

● **mấy / bao nhiêu**　　　　　　　　　　몇 / 얼마나
　　머이　/　바오　니에우

● **mấy / bao nhiêu người**　　　　　　몇 사람
　　머이　/　바오　니에우　응어이

● **có mấy / bao nhiêu người?**　　　　몇 사람이 있습니까?
　　꺼　머이　/　바오　니에우　응어이

● **Gia đình bạn có mấy người?**　　　너의 가족은 몇 명이 있니?
　　쟈(야)　딩　반　꺼　머이　응어이

단어 gia đình 몡 가족 | người 몡 사람

👆 **어휘 더하기!**

숫자 + người : ~명

người는 사람이라는 뜻으로, 숫자와 함께 쓰이면 단위 명사의 역할을 하여 '~명'의 의미가 된다.

🅐 Gia đình bạn có mấy gười?
　　너의 가족은 몇 명이 있니?

🅑 Gia đình tôi có 4 người. Bố mẹ, anh trai và tôi.
　　내 가족은 4명이 있어. 아빠, 엄마, 형(오빠) 그리고 나.

Năm nay bạn bao nhiêu tuổi?
남 나이 반 바오 니에우 뚜오이

올해 너는 몇 살이니?

năm nay 명 올해 | tuổi 명 나이

Quần jean này bao nhiêu tiền?
꿘 진 나이 바오 니에우 띠엔

이 청바지는 얼마에요?

quần jean 명 청바지 | này 형 이 | tiền 명 돈

Anh có mấy quyển từ điển?
아잉 꺼 머이 꾸옌 뜨 디엔

형(오빠)은 몇 권의 사전을 가지고 있나요?

quyển 명 권 | từ điển 명 사전

Nhà chị có mấy phòng?
냐 찌 꺼 머이 퐁

누나(언니)의 집에는 몇 개의 방이 있습니까?

nhà 명 집 | phòng 명 방

Bạn ở Việt Nam mấy năm rồi?
반 어 비엘 남 머이 남 죠(로)이

너는 베트남에 몇 년 있었니?

ở 동 ~에 있다 | Việt Nam 명 베트남 | năm 명 년 | rồi 부 이미 ~인

Chương trình đó kéo dài mấy ngày?
쯔엉 찐 더 깨오 쟈(야)이 머이 응아이

그 프로그램은 며칠간 지속되나요?

chương trình 명 프로그램 | đó 형 그 | kéo dài 동 지속하다

• **103**

명사 + mấy / bao nhiêu?

날짜, 순서 묻기

포인트 콕!

• 수와 관련한 의문사 mấy와 bao nhiêu가 명사 뒤에 사용되는 경우 특정 수를 묻는 표현이 된다. 주로 날짜 단위 뒤에 붙어 날짜 및 요일, 순서 등을 물어볼 때 사용한다.

패턴 꽉!

● **mấy** 머이   몇

● **ngày mấy** 응아이 머이   며칠

● **là ngày mấy?** 라 응아이 머이   며칠입니까?

● **Sinh nhật bạn là ngày mấy?** 씽 년 반 라 응아이 머이   너의 생일은 며칠이니?

어휘 더하기!

날짜 묻고 답하기

베트남에서는 날짜에 대해 말할 때 우리나라 어순과는 달리, 일(ngày) → 월(tháng) → 년(năm)의 순서대로 말하며, 다음과 같이 묻고 답할 수 있다.

Ⓐ Hôm nay là ngày mấy? 오늘 며칠이에요?

Ⓑ Hôm nay là ngày 13 tháng 12. 오늘은 12월 13일입니다.

단어 hôm nay 명 오늘 | ngày 명 일 | tháng 명 월

요일(thứ) 표현

요일은 서수 표현을 이용하며, 일요일이 기준 요일이다.

일요일	월요일	화요일	수요일	목요일	금요일	토요일
chủ nhật	thứ 2	thứ 3	thứ 4	thứ 5	thứ 6	thứ 7

Hôm nay là thứ mấy?

홈   나이 라 트 머이

오늘은 무슨 요일이에요?

hôm nay 몧 오늘 | thứ 솧 ~번째, 요일

Số điện thoại của chị là số mấy?

쏘 디엔 토아이 꾸어 찌 라 쏘 머이

누나(언니)의 전화번호는 몇 번이에요?

số 몧 번호 | điện thoại 몧 전화

Em đi Trung Quốc vào tháng mấy?

앰 디 쭘   꾸옵 봐오 탕   머이

너는 몇 월에 중국을 가니?

đi 동 가다 | Trung Quốc 몧 중국 | tháng 몧 월

Công ty thành lập vào năm bao nhiêu?

꼼 띠 타잉   럽 봐오 남   바오 니에우

회사는 몇 년도에 설립됐니?

công ty 몧 회사 | vào 젼 ~에 | thành lập 동 설립하다

Anh kết hôn vào năm bao nhiêu?

아잉 껟 혼   봐오 남   바오 니에우

오빠(형)은 몇 년도에 결혼을 했나요?

kết hôn 동 결혼하다

Bạn sinh năm bao nhiêu?

반 씽   남   바오 니에우

너는 몇 년도에 태어났니?

sinh 동 태어나다

33

Mấy giờ / lúc mấy giờ
몇 시

포인트 콕!

Mấy giờ + 주어 + 동사 / 주어 + 동사 + lúc mấy giờ?

- 수에 관한 의문사 'mấy(몇)'과 '시'의 뜻을 가진 giờ가 결합한 시간을 묻는 표현으로, 문두 또는 문미에 위치한다. 이때 문미에 위치하는 경우 '~에'라는 뜻을 가진 lúc과 함께 사용하여 '~lúc mấy giờ'로 표현한다.

패턴 꽉!

mấy giờ 머이 져	몇 시
bạn về nhà 반 베 냐	친구는 집에 가다
Mấy giờ bạn về nhà? 머이 져 반 베 냐	몇 시에 친구는 집에 가나요?

단어 về 동 돌아가다 | nhà 명 집

어휘 더하기!

현재 시각 묻고 답하기

단순히 현재의 시각을 묻고 답할 때는 다음과 같이 표현할 수 있다.

Ⓐ Bây giờ là mấy giờ? 지금 몇 시입니까?

Ⓑ Bây giờ là 8 giờ tối. 지금은 저녁 8시입니다.

단어 bây giờ 명 지금 | tối 명 저녁

Mấy giờ cuộc họp bắt đầu?
머이 져 꾸옵 홉 밭 더우

몇 시에 회의는 시작하나요?

| cuộc họp 명 회의 | bắt đầu 동 시작하다 |

Mấy giờ bạn học xong?
머이 져 반 홉 쏨

몇 시에 너는 공부가 끝나니?

| học 동 공부하다 | xong 동 끝나다 |

Mấy giờ em hẹn gặp anh ấy?
머이 져 앰 핸 갑 아잉 어이

몇 시에 너는 그를 만나기로 약속했니?

| hẹn 동 약속하다 | gặp 동 만나다 |

Chúng ta đi mua sắm lúc mấy giờ?
쭘 따 디 무어 쌈 룹 머이 져

우리는 몇 시에 쇼핑하러 갈까?

| đi 동 가다 | mua sắm 동 쇼핑하다 |

Ngân hàng mở cửa lúc mấy giờ?
응언 항 머 끄어 룹 머이 져

은행은 몇 시에 문을 열어요?

| ngân hàng 명 은행 | mở cửa 동 문을 열다 |

Em thức dậy lúc mấy giờ?
엠 특 져(여)이 룹 머이 져

너는 몇 시에 일어나니?

| thức dậy 동 일어나다 |

주어 + 동사 + bao lâu?
얼마나 오래

- bao lâu는 '얼마나 오래'의 뜻을 가진 의문사로, 주어와 동사가 결합하여 "~하는데 얼마나 오래 … 합니까?"라는 뜻으로 소요되는 시간 및 기간을 묻기 위해 사용한다.

👆 **패턴 꽉!**

- **bao lâu**   얼마나 오래
  바오   러우

- **mất bao lâu?**   얼마나 오래 걸립니까?
  멑   바오   러우

- **Đi máy bay mất bao lâu?**   비행기로 가는 것은 얼마나 오래 걸립니까?
  디   마이   바이   멑   바오   러우

단어   đi 동 가다 | máy bay 명 비행기 | mất 동 걸리다 | bao lâu 의 얼마나 오래

✌️ **어휘 더하기!**

bao lâu의 다양한 쓰임

bao lâu 는 함께 결합하는 부사, 전치사 등에 따라 다음과 같이 다양하게 활용할 수 있다.

- ~ bao lâu + rồi (이미~한): 얼마나 오래 ~되었습니까?
- ~ bao lâu + nữa (더~한) : 얼마나 오래 더 ~합니까?
- ~ trong(~동안) + bao lâu : 얼마나 오랫동안 ~합니까?
- ~ mất(걸리다) + bao lâu : 얼마나 오래 걸립니까?

Bạn chờ chúng tôi bao lâu rồi?

반 쩌 쭝 또이 바오 러우 죠(로)이

너는 우리를 얼마나 기다렸니?

chờ 동 기다리다 | rồi 부 이미 ~한

Từ Busan đến Seoul mất bao lâu?

뜨 부산 덴 서울 멑 바오 러우

부산에서 서울까지 얼마나 오래 걸립니까?

từ 전 ~로부터 | đến 전 ~까지

Chị đi công tác trong bao lâu?

찌 디 꼼 딱 쫌 바오 러우

누나(언니)는 얼마나 오랫동안 출장을 가나요?

đi 동 가다 | công tác 명 출장 | trong 전 ~동안

Phim chiếu trong bao lâu?

핌 찌에우 쫌 바오 러우

영화는 얼마나 오랫동안 상영하나요?

phim 명 영화 | chiếu 동 상영하다 | trong 전 ~동안

Bao lâu nữa **chị về nước?**

바오 러우 느어 찌 볘 느억

얼마나 오래 있다가 누나(언니)는 귀국하나요?

nữa 부 더 ~한 | về 동 돌아가다 | nước 명 나라

Bao lâu nữa **bạn đi ra?**

바오 러우 느어 반 디 쟈(라)

얼마나 오래 있다가 너는 나가니?

đi 동 가다 | ra 동 나가다

06장

과거, 현재, 미래! 생동감 있는 문장을 만들어주는 "시제"

문화6   베트남의 전통복 아오자이

35)   [과거시제] ~했어요

36)   [현재시제] ~하고 있어요

37)   [미래시제] ~할 거에요

38)   [근접 과거] 막 ~했어요

39)   [근접 미래] 곧 ~할 것이에요

베트남?

문화 **6**　　베트남의 전통복 아오자이

아오자이(áo dài)는 베트남의 전통복으로 이름에서 그 옷의 형태를 바로 그려볼 수 있다. 아오자이의 '아오(áo)'는 '옷'을, '자이'(dài)는 '긴'을 뜻하는데 그림에서 보듯 아오자이는 다리까지 내려오는 긴 상의에 아래에는 통 바지를 입는다. 상체는 달라붙는 형태이며, 허리 부분에서 양옆이 갈라져 있어 신비로운 분위기를 더한다. 아오자이는 베트남의 역사와 그 자취를 함께한다. 처음의 아오자이는 본래 중국의 영향을 받아 옷감이 두껍고 폼이 넓은 형태의 옷이었지만, 베트남의 열대 기후적 요소와 함께 프랑스의 식민지 시대에 프랑스 패션의 영향을 받아 조금 더 서구적이고 개방적인 스타일로 변화되었다. 이때부터 몸의 곡선이 고스란히 드러나는 형태의 현대식 아오자이가 탄생하였으며, 오늘날 우리가 보는 아오자이의 모습이기도 하다.

(사진 : encrypted-tbn2.gstatic.com)

특히 아오자이는 전통복이지만 지금도 베트남 사람들에게 무척 사랑을 받는 옷이기도 하다. 베트남의 일부 고등학교에서는 하얀색 아오자이를 교복으로 정하여 입기도 하며, 일부 관공서나 은행, 호텔 등에서도 역시 여직원들이 아오자이를 유니폼으로 입은 모습을 볼 수 있다. 또한, 결혼식을 비롯한 입학식, 졸업식 등 특별한 행사가 있을 때도 역시 아오자이를 즐겨 입는데, 아오자이의 색상이나 옷감, 디자인도 무척이나 다양하다. 이전에는 색상에 따라 흰색은 주로 학생이, 옅은 파스텔 톤은 미혼 여성이, 짙은 색상이나 붉은색 계열은 기혼 여성이 입었지만 지금은 큰 구분 없이 다양하게 입고 있다.

아오자이는 마른 몸매의 베트남 여성들에게 무척 잘 어울리는 옷이라 할 수 있으며, 동서양의 조화가 잘 어우러져 있어 그 신비감과 독특한 매력에 베트남 사람들뿐만 아니라 많은 외국인으로부터 사랑을 받고 있다.

35 주어 + đã + 동사 / 형용사
[과거시제] ~했어요

주어 + đã + 동사 / 형용사

포인트 콕!

• 'đã'는 과거 시제로써, 과거의 행위 또는 상태를 나타낼 때 쓰이며 주어와 서술어 사이에 위치하여 쓰인다. 일상회화에서는 문맥상에서 시제를 명확히 알 수 있을 때는 생략도 가능하다.

패턴 꽉!

● **tắt**   끄다
    딷

● **tắt đèn**   등을 끄다
    딷   댄

● **đã tắt đèn**   등을 껐다
    다   딷   댄

● **Tôi đã tắt đèn.**   나는 등을 껐다.
    또이 다   딷   댄

[단어] tắt [동] 끄다 | đèn [명] 전등

어휘 더하기!

날짜 표현

시제를 명확히 알 수 있는 날짜 표현이 문장에서 함께 쓰이면 시제는 생략할 수 있다. 아래는 일상에서 쉽게 활용할 수 있는 날짜 관련 어휘이다.

일 (ngày)	hôm qua 어제	hôm nay 오늘	ngày mai 내일
주 (tuần)	tuần trước 지난 주	tuần này 이번 주	tuần sau 다음 주
월 (tháng)	tháng trước 지난 달	tháng này 이번 달	tháng sau 다음 달
년도 (năm)	năm trước / năm ngoái 작년	năm nay 올해	năm sau / sang năm 내년

[예] Năm ngoái tôi (đã) tốt nghiệp. 작년에 나는 졸업했다.

[단어] tốt nghiệp [동] 졸업하다

Tôi đã mua giày thể thao mới.

또이 다 무어 쟈(야)이 테 타오 머이

나는 새 운동화를 샀다.

mua 동 사다 | giày thể thao 명 운동화 | mới 형 새로운

Tôi đã xem chương trình nhạc.

또이 다 쎔 쯔엉 찐 냑

나는 음악 프로그램을 보았다.

xem 동 시청하다 | chương trình 명 프로그램 | nhạc 명 음악

Tôi đã uống rượu.

또이 다 우옴 즈(르)어우

나는 술을 마셨다.

uống 동 마시다 | rượu 명 술

Tôi đã viết nhật ký.

또이 다 비엩 녇 끼

나는 일기를 썼다.

viết 동 쓰다 | nhật ký 명 일기

Tôi đã hút thuốc lá.

또이 다 훝 투옵 라

나는 담배를 피웠다.

hút 동 흡입하다, 빨다 | thuốc lá 명 담배

Tôi đã nghe điện thoại.

또이 다 응애 디엔 토아이

나는 전화를 받았다.

nghe 동 듣다 | điện thoại 명 전화

36 주어 + đang + 동사 / 형용사

[현재시제] ~하고 있어요

 포인트 콕!

주어 + đang + 동사 / 형용사

• 'đang'은 현재 시제로써, 현재의 행위 또는 상태를 나타낼 때 쓰이며 주어와 서술어 사이에 위치하여 쓰인다. 일상회화에서는 문맥상에서 시제를 명확히 알 수 있을 때는 생략도 가능하다.

패턴 꽉!

● **trông**　　　　　　　　　　　　　　돌보다
　　쫌

● **trông em bé**　　　　　　　　　　아기를 돌보다
　　쫌　　앰　배

● **đang trông em bé**　　　　　　아기를 돌보고 있다
　　당　　쫌　　앰　배

● **Tôi đang trông em bé.**　　　나는 (지금) 아기를 돌보고 있다.
　　또이　당　　쫌　　앰　배

단어　trông [동] 돌보다 | em bé [명] 아기

어휘 더하기!

trông의 두 가지 의미

'trông'은 패턴 꽉에서 활용된 의미인 '～을 돌보다, 지킨다' 외에 형용사와 결합하여 '～해 보이다, ～처럼 보인다'는 의미를 가지고 있다.

예 Anh trông mệt lắm! 형(오빠)는 매우 지쳐보여요!

단어　mệt [형] 지치는

Máy bay đang **cất cánh.**

마이　바이　당　껃　까잉

비행기가 이륙 중이다.

máy bay 몡 비행기 | cất cánh 동 이륙하다

Anh ấy đang **uống nước suối.**

아잉　어이　당　우옹　느억　수오이

그는 생수를 마시고 있다.

uống 동 마시다 | nước suối 몡 생수

Chị ấy đang **trả phòng.**

찌　어이　당　짜　폼

그녀는 체크아웃 중이다.

trả phòng 동 체크아웃 하다

Họ đang **mua đồ lưu niệm.**

허　당　무어　도　루　니엠

그들은 기념품을 사고 있다.

họ 때 그들 | mua 동 사다 | đồ lưu niệm 몡 기념품

Tôi đang **rút tiền.**

또이　당　줃(룯)　띠엔

나는 돈을 인출하고 있다.

rút 동 빼내다, 꺼내다 | tiền 몡 돈

Máy điện thoại đang **bận.**

마이　디엔　토아이　당　번

전화가 통화 중이다.

máy điện thoại 몡 전화기 | bận 혱 바쁜

주어 + sẽ + 동사 / 형용사

[미래시제] ~할 거예요

 포인트 콕!

- 'sẽ'는 미래시제로써, 미래에 행할 행위, 나타나게 될 상태 또는 주어의 의지를 나타낼 때 쓰이며 주어 와 서술어 사이에 위치하여 쓰인다. 일상회화에서는 문맥상에서 시제를 명확히 알 수 있을 때는 생략 도 가능하다.

패턴 꽉!

● **giúp**
쥽(윰)

돕다

● **giúp các bạn**
쥽(윰) 깍 반

친구들을 돕다

● **sẽ giúp các bạn**
쌔 쥽(윰) 깍 반

친구들을 도울 것이다

● **Tôi sẽ giúp các bạn.**
또이 쌔 쥽(윰) 깍 반

나는 친구들을 도울 것이다.

단어 giúp 동 돕다 | sẽ 부 ~할 것이다

어휘 더하기!

주어 định sẽ 동사/형용사 (~할 예정이다)

어떤 일에 대한 예정의 표현으로, 시제와 함께 định(~할 예정이다)도 역시 사용 가능하다.

예 Tôi định sẽ đi Việt Nam. 나는 베트남에 갈 예정이다.

Tôi sẽ mặc váy dài.

또이 쎄 막 봐이 쟈(야)이

나는 긴 스커트를 입을 것이다.

mặc 동 입다 | váy 명 스커트 | dài 형 긴

Chị ấy sẽ giặt quần áo.

찌 어이 쎄 쟡 꿘 아오

그녀는 옷을 세탁할 것이다.

giặt 동 세탁하다 | quần áo 명 옷

Anh sẽ đánh ghi ta.

아잉 쎄 다잉 기 따

오빠(형)은 기타를 칠 것이다.

đánh 동 치다 | ghi ta 명 기타

Chị sẽ ngủ sớm.

찌 쎄 응우 썸

언니(누나)는 일찍 잘 것이다.

ngủ 동 자다 | sớm 형 일찍

Thợ sửa máy sẽ đến nhà mình.

터 쓰어 마이 쎄 덴 냐 밍

수리공이 내 집에 올 것이다.

thợ sửa máy 명 수리공 | đến 동 도착하다 | nhà 명 집

Đội mình sẽ thắng.

도이 밍 쎄 탕

나의 팀이 이길 것이다.

đội 명 팀 | thắng 동 이기다

38

주어 + vừa / mới + 동사

[근접 과거] 막 ~했어요

 포인트 콕!

주어 + vừa / mới + 동사

• 'vừa'와 'mới'는 가까운 과거에 일어난 근접 과거를 나타내는 시제로 주어와 서술어 사이에 위치하여 쓰인다. vừa, mới 또는 vừa mới의 형태로 모두 사용 가능하며 일상회화에서는 문맥상에서 시제를 명확히 알 수 있을 때는 생략도 가능하다.

패턴 꽉!

● **khởi hành**
　　커이　　하잉

출발하다

● **vừa / mới khởi hành**
　브어　머이　커이　하잉

막 출발하다

● **Xe buýt vừa / mới khởi hành.**
　쌔　부잇　브어　머이　커이　하잉

버스가 막 출발했다.

단어　xe buýt 명 버스 | vừa / mới 부 막 ~한 | khởi hành 동 출발하다

어휘 더하기!

vừa / mới의 다양한 쓰임

vừa와 mới는 근접 과거를 나타내는 시제로의 쓰임 외에 형용사로써 각각 '(몸에) 잘 맞는', '새로운'의 뜻을 가진다.

예 Áo này nhỏ quá, không vừa với tôi. 이 옷은 너무 작아, 나에게 맞지 않아.
　Áo này là áo mới. 이 옷은 새 옷이다.

단어　áo 명 옷 | nhỏ 형 작은 | với 전 ~에게, ~와 | mới 형 새로운

Giáo sư vừa / mới **vào lớp.**
쟈(야)오 스 브어 머이 봐오 럽

교수님이 막 교실에 들어왔다.

| giáo sư 명 교수 | vào 동 들어오다 | lớp 명 교실 |

Chị ấy vừa / mới **đi dạo.**
찌 어이 브어 머이 디 쟈(야)오

그녀는 막 산책갔다.

| đi dạo 동 산책하다 |

Tôi vừa / mới **nấu mì gói.**
또이 브어 머이 너우 미 거이

나는 막 라면을 요리했다.

| nấu 동 요리하다 | mì gói 명 라면 |

Anh ấy vừa / mới **cắt tóc.**
아잉 어이 브어 머이 깟 똡

그는 막 머리를 잘랐다.

| cắt 동 자르다 | tóc 명 머리카락 |

Tôi vừa / mới **mở máy lạnh.**
또이 브어 머이 머 마이 라잉

나는 막 에어컨을 켰다.

| mở 동 열다, 켜다 | máy lạnh 명 에어컨 |

Công việc vừa / mới **kết thúc.**
꼼 비엑 브어 머이 껟 툽

업무는 막 끝났다.

| công việc 명 업무 | kết thúc 동 끝나다 |

39 주어 + sắp + 동사
[근접 미래] 곧 ~할 것이에요

포인트 콕!

• 'sắp'은 가까운 미래에 일어날 근접 미래를 나타내는 시제로, 주어와 서술어 사이에 위치하여 쓰인다.
일상회화에서는 문맥상에서 시제를 명확히 알 수 있을 때는 생략도 가능하다.

패턴 꽉!

● **về nước**
베 느억

귀국하다

● **sắp về nước**
쌉 베 느억

곧 귀국할 것이다

● **Cô Thu sắp về nước.**
꼬 투 쌉 베 느억

투 선생님은 곧 귀국할 것이다.

단어 sắp 부 곧 ~할 | về 동 돌아가다 | nước 명 나라, 물

어휘 더하기!

về의 다양한 쓰임

về는 일반 동사로써 '돌아오다'라는 의미 외에 전치사로 '~에 대하여'라는 뜻을 가진다.
예 Tôi muốn học về lịch sử Việt Nam. 나는 베트남 역사에 관한 공부를 하고 싶다.

단어 muốn 동 원하다 | học 동 공부하다 | lịch sử 명 역사

Trang điểm sắp xong.
짱 디엠 쌉 쏨

화장이 곧 끝난다.

| trang điểm 몡 화장 | xong 롱 끝나다 |

Nhà hàng sắp đóng cửa.
냐 항 쌉 덤 끄어

식당이 곧 문을 닫는다.

| nhà hàng 몡 식당 | đóng 롱 닫다 | cửa 몡 문 |

Chị ấy sắp sinh con.
찌 어이쌉 씽 껀

그녀는 곧 아이를 낳는다.

| sinh 롱 낳다 | con 몡 자식 |

Phim sắp bắt đầu.
핌 쌉 받 더우

영화가 곧 시작한다.

| phim 몡 영화 | bắt đầu 롱 시작하다 |

Tôi sắp đến trường.
또이 쌉 덴 쯔엉

나는 곧 학교에 도착한다.

| đến 롱 도착하다 | trường 몡 학교 |

Anh ấy sắp thôi việc.
아잉 어이쌉 토이 비엑

그는 곧 일을 관둔다.

| thôi 롱 그만두다 | việc 몡 일 |

07장

시제의 확장편!
"완료"와 "미완료"의 표현

문화7 베트남의 날씨

40) [완료시제] 이미 ~했어요 / 곧 ~할 거예요

41) [미완료] 아직 ~하지 않았어요

42) [완료 여부] ~했어요?

43) [완료 여부] 곧 ~해요?

44) [경험 묻기] ~해본 적 있어요?

베트남?

베트남의 지도를 보면 알 수 있듯이, 베트남의 지형은 긴 S자 형태로 남과 북의 거리가 상당히 떨어져 있으며 이 때문에 지역별 날씨 차이 또한 매우 큰 편이다.

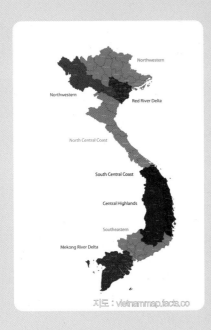

지도 : vietnammap.facts.co

북부 지역의 날씨

많은 사람이 베트남은 동남아시아에 속하기 때문에 1년 내내 더울 것으로 예상하지만, 하노이를 중심으로 한 북부지역은 우리나라와 비슷한 전형적인 아열대성 기후이다. 그러므로 비교적 4계절의 구분이 뚜렷하게 나타난다. 그러나 한국과 비교했을 때, 봄과 가을은 상대적으로 짧은 편이고 여름과 겨울의 평균기온이 조금씩 높은 편이다. 특히 북쪽 지역의 여름은 무척 고온 다습하고, 스콜 형태의 소나기가 자주 내린다. 북부 지역의 겨울은 12월에서 4월 정도로 볼 수 있으며, 평균기온은 10도 안팎으로 한국과 비교했을 때는 높은 편이지만, 체감온도는 훨씬 낮은 편이기 때문에 현지 사람들이 두꺼운 점퍼를 입은 모습을 볼 수 있다. 또한, 북부 산간인 사파 (sapa)등의 지역에서는 종종 눈이 내리기도 한다.

남부 지역의 날씨

베트남의 남부지역은 연중 더운 날씨가 계속되는 전형적인 동남아 기후적 특징을 가진다. 평균기온은 27~30도이며, 햇살이 뜨겁고 습도가 높기 때문에 한국과 비교할 수 없을 정도로 체감온도는 더욱 높게 느껴진다.

사계절이 뚜렷한 북부지역과는 달리 크게 우기와 건기 두 계절로 나누어지는데, 우기는 5월부터 10월까지, 건기는 11월에서 4월까지이다. 특히 우기에 들어가기 직전인 4월, 5월은 연중 온도가 가장 높은 때로, 한낮에는 거리에 사람들이 많이 나오지 않을 정도로 무척이나 덥다. 우기가 시작되면, 베트남 사람들은 오토바이에 항상 우비를 상비하고 다니는데, 이는 비가 시도 때도 없이 오기 때문이다. 비가 한참 내리다 금방 맑아지기도 하며, 또 맑은 하늘에서 갑자기 비가 오기도 하는 등 비를 예측할 수 없기 때문에 이 시기에는 우산이나 우비 등을 항시 상비하고 다니는 게 좋다.

40 주어 + (đã) / (sắp) + 동사 + rồi

[완료시제] 이미 ~했어요 / 곧 ~할 거예요

👆 포인트 콕!

주어 + (đã) / (sắp) + 동사 + rồi

• '이미 ~한'의 뜻을 가진 부사 'rồi'를 문장 끝에 사용하여 완료를 나타내는 표현으로, 과거 시제인 **đã** 와 결합하여 과거부터 현재까지 완료된 일을, 가까운 미래를 나타내는 시제인 '**sắp**'과 결합하여 현재 부터 가까운 미래에 곧 완료될 일을 나타낼 때 쓰인다. 이때, 문맥상 시제를 명확히 알 수 있는 경우 는 시제를 생략하여 사용하기도 한다.

👆 패턴 꽉!

● **kết hôn**
　　껠　혼
결혼하다

● **đã / sắp kết hôn rồi**
　　다　쌉　껠　혼　죠(로)이
(이미) 결혼했다 / 곧 결혼할 것이다

● **Chị ấy đã / sắp kết hôn rồi.**
　찌　어이　다　쌉　껠　혼　죠(로)이
그녀는 (이미) 결혼했다. / 곧 결혼할 것이다.

단어 **đã** 부 (과거) ~했다 | **sắp** 부 곧 ~할 | **kết hôn** 동 결혼하다 | **rồi** 부 이미 ~한

✌ 어휘 더하기!

'결혼' 의 다양한 표현

'결혼하다'의 뜻을 가진 동사 **kết hôn** 외에 다음과 같은 다양한 표현이 있으며, 모두 **kết hôn**과 같은 의미로 사용된다.
• **lập gia đình** : 가족을 이루다
• **lấy chồng / vợ** : 시집 / 장가가다

단어 **lập** 동 세우다 | **gia đình** 명 가족 | **lấy** 동 고르다, 선택하다 | **chồng** 명 남편 | **vợ** 명 아내

Tủ lạnh đã bị hỏng rồi.
뚜 라잉 다 비 홈 죠(로)이

냉장고가 이미 고장 났다.

| tủ lạnh 명 냉장고 | (bị) hỏng 형 고장난 |

Công ty đó đã phá sản rồi.
꼼 띠더 다 퐈 산 죠(로)이

그 회사는 이미 파산했다.

| công ty 명 회사 | đó 형 그 | phá sản 동 파산하다 |

Hai bạn ấy đã chia tay rồi.
하이 반 어이 다 찌어 따이 죠(로)이

그 두 사람은 이미 헤어졌다.

| chia tay 동 이별하다 |

Ông ấy sắp về hưu rồi.
옴 어이 쌉 붸 후 죠(로)이

그 분은 곧 퇴직한다.

| về hưu 동 퇴직하다 |

Thi sắp xong rồi.
티 쌉 쏨 죠(로)이

시험이 곧 끝난다.

| thi 동 시험보다 | xong 동 끝나다 |

Anh ấy sắp xuất viện.
아잉 어이 쌉 쑤얻 뷔엔

그는 곧 퇴원한다.

| xuất viện 동 퇴원하다 |

주어 + chưa + 동사

[미완료] 아직 ~하지 않았어요

포인트 쿡!

- 'chưa'는 '아직 ~하지 않은'의 뜻을 가지며 동사 또는 형용사 앞에 사용하여 어떠한 동작이나 상태가 완료되지 않았음을 나타낸다.

패턴 꽉!

- **có con**
  꺼 껀

  자식이 있다

- **chưa có con**
  쯔어   꺼 껀

  아직 자식이 있지 않다

- **Tôi chưa có con.**
  또이 쯔어   꺼 껀

  나는 아직 자식이 없다.

단어 | có 동 가지고 있다 | con 명 자식 | chưa 부 아직 ~하지 않은

어휘 더하기!

không과 chưa의 구분

앞서 배운 không은 일반 동사에 대한 단순 부정이라면, chưa는 시제에 대한 부정으로 미래에는 그 가능성이 있음을 나타낸다.

예 Tôi không ăn thịt dê. 나는 염소고기를 먹지 않는다. (기호상 먹지 않음)

　 Tôi chưa ăn thịt dê. 나는 아직 염소고기를 먹어보지 않았다. (미래에는 먹을 가능성이 있음)

단어 ăn 동 먹다 | thịt 명 고기 | dê 명 염소

Chị ấy chưa **trả tiền điện.**

찌 어이 쯔어 짜 띠엔 디엔

그녀는 아직 전기세를 내지 않았다.

trả 동 지불하다 | tiền 명 돈 | điện 명 전기

Hàng mới chưa **đến.**

항 머이 쯔어 덴

신상품이 아직 도착하지 않았다.

hàng 명 물건 | mới 형 새로운 | đến 동 도착하다

Hoa chưa **nở.**

호아 쯔어 너

꽃이 아직 피지 않았다.

hoa 명 꽃 | nở 동 (꽃이) 피다

Sân bay chưa **xây dựng.**

썬 바이 쯔어 써이 증(이응)

공항은 아직 짓지 않았다.

sân bay 명 공항 | xây dựng 동 짓다

Tôi chưa **lấy giấy phép lái xe.**

또이 쯔어 러이 져(여)이 팹 라이 쌔

나는 아직 운전 면허증을 따지 않았다.

lấy 명 취하다, 잡다 | giấy phép 명 허가증 | lái xe 동 운전하다

Em ấy chưa **vào trường đại học.**

앰 어이 쯔어 봐오 쯔엉 다이 홉

그 아이는 아직 대학에 들어가지 않았다.

vào 동 들어가다 | trường 명 학교 | đại học 명 대학

42

주어 + (đã) + 동사 + chưa?

[완료 여부] ~했어요?

- 과거형 문장 끝에 'chưa'를 사용하여 어떤 행위에 대한 완료 여부를 묻는 문형을 만든다. 이때, 'chưa'는 특별한 뜻을 가지지 않으며, 완료여부에 대한 질문을 만드는 도구로써 쓰인다.

👆 **패턴 꽉!**

- **ăn sáng**
  안 쌍
  아침 먹다

- **đã ăn sáng**
  다 안 쌍
  아침 먹었다

- **Anh đã ăn sáng.**
  아잉 다 안 쌍
  오빠(형)는 아침을 먹었다.

- **Anh đã ăn sáng chưa?**
  아잉 다 안 쌍 쯔어
  오빠(형)는 아침을 먹었어요?

단어 ăn 통 먹다 | sáng 명 아침 | đã 부 (과거) ~했다 | chưa 의 (완료여부 묻기)

✌️ **어휘 더하기!**

완료 여부 묻고 답하기

〈행위에 대한 완료 여부인 〈주 + đã + 동 + chưa?〉에 대한 대답으로, 긍정 대답(완료)은 rồi(이미 ~한)로, 부정 대답(미완료)은 chưa(아직 ~하지 않은)로 대답한다.

Ⓐ Anh đã ăn sáng chưa? 오빠(형)는 아침을 먹었어요?

Ⓑ (완료) Rồi, anh đã ăn sáng rồi. 응, 오빠(형)는 아침을 먹었어.

  (미완료) Chưa, anh chưa ăn sáng. 아직, 오빠(형)는 아직 아침을 먹지 않았어.

Chị đã uống thuốc chưa?
찌 다 우옴 투옵 쯔어

누나(언니)는 약을 먹었어요?

uống thuốc 동 약을 복용하다

Khoai lang đã chín chưa?
콰이 랑 다 찐 쯔어

고구마가 익었나요?

Khoai lang 명 고구마 | chín 형 익은

Điện thoại mới đã ra mắt chưa?
디엔 토아이 머이 다 자(라) 맏 쯔어

새 휴대폰이 출시 되었나요?

điện thoại 명 전화기 | mới 형 새로운 | ra mắt 동 출시하다

Anh ấy đã say rượu chưa?
아잉 어이 다 싸이 즈(르)어우 쯔어

그는 취했나요?

say 동 ~에 취하다 | rượu 명 술

Chị đã quên anh ấy chưa?
찌 다 꿴 아잉 어이 쯔어

누나(언니)는 그를 잊었나요?

quên 동 잊다

Bạn đã nhận thư chưa?
반 다 년 트 쯔어

너는 편지를 받았니?

nhận 동 받다 | thư 명 편지

43 주어 + sắp + 동사 + chưa?

[완료 여부] 곧 ~해요?

 포인트 콕!

- 가까운 미래를 나타내는 '주어 sắp 동사'(주어는 곧 ~할 것이다)문장 뒤에 'chưa'를 사용하여 현재의 시점에서 가까운 미래에 일어날 일에 대한 완료 여부를 묻는 문형을 만든다. 이때, chưa는 특별한 뜻을 가지지 않으며, 완료 여부에 대한 질문을 만드는 도구로써 쓰인다.

패턴 꽉!

- **đến trường**
  덴　쯔엉
  학교에 도착하다

- **sắp đến trường**
  쌉　덴　쯔엉
  곧 학교에 도착한다

- **Em sắp đến trường.**
  앰　쌉　덴　쯔엉
  저는 곧 학교에 도착합니다.

- **Em sắp đến trường chưa?**
  앰　쌉　덴　쯔엉　쯔어
  너는 곧 학교에 도착하니?

단어 đến 동 도착하다 | trường 명 학교 | sắp 부 곧 ~할 것이다 | chưa 의 (완료여부 묻기)

어휘 더하기!

đến의 여러 가지 쓰임

đến은 '도착하다'의 뜻을 가진 동사로써의 쓰임 외에, 부사로 '~까지', 전치사로 '~에 대해'의 뜻을 가집니다.

- Tôi làm việc đến 8 giờ tối. 나는 저녁 8시까지 일을 한다.
- Tôi nghĩ đến gia đình. 나는 가족에 대해서 생각한다.

단어 làm 동 일하다 | việc 명 일 | đến 부 ~까지/ 전 ~에 대해 |
tối 명 저녁 | nghĩ 동 생각하다 | gia đình 명 가족

Anh sắp đổi việc chưa?

아잉 삽 도이 비엑 쯔어

형(오빠)은 곧 이직하죠?

| đổi 동 바꾸다 | việc 명 일 |

Anh sắp lấy vợ chưa?

아잉 쌉 러이 붜 쯔어

형(오빠)은 곧 장가가죠?

| lấy vợ 동 와이프를 선택하다 (장가 가다) |

Cháu sắp vào trường mầm non chưa?

짜우 쌉 봐오 쯔엉 멈 넌 쯔어

조카는 곧 유치원에 들어가지?

| vào 동 들어오다 | trường 명 학교 | mầm non 명 어린이집 |

Công việc sắp xong chưa?

꼼 비엑 쌉 쏨 쯔어

업무는 곧 끝나죠?

| công việc 명 업무 | xong 동 끝나다 |

Công ty đó sắp tuyển nhân viên chưa?

꼼 띠 더 쌉 뚜옌 년 비엔 쯔어

그 회사는 곧 직원을 뽑죠?

| công ty 명 회사 | tuyển 동 선발하다 | nhân viên 명 직원 |

Học kỳ mới sắp bắt đầu chưa?

홉 끼 머이 쌉 밧 더우 쯔어

새 학기가 곧 시작하죠?

| học kỳ 명 학기 | mới 형 새로운 | bắt đầu 동 시작하다 |

44 주어 + đã + 동사 + bao giờ + chưa?

[경험 묻기] ~해본 적 있어요?

👉 **포인트 콕!**

• 과거부터 현재까지의 완료여부를 물어보는 문형인 '주어 + đã + 동사 + chưa?'에 '언제'의 뜻을 가진 의문사 bao giờ를 넣어주면 과거의 경험을 물어보는 문형이 된다. 이때 동사와 bao giờ의 위치는 바꾸어 사용할 수 있다.

👆 **패턴 꽉!**

— **đi du lịch Hà Nội**　　　　　　　　하노이에 여행 가다
　　디 쥬(유) 릭　　하　노이

— **đã đi du lịch Hà Nội**　　　　　　하노이에 여행 갔다
　　다　디 쥬(유) 릭　　하 노이

— **đã đi du lịch Hà Nội bao giờ chưa**　하노이에 여행 가본 적 있니
　　다　디 쥬(유) 릭　　하 노이 바오 져 쯔어

— **Bạn đã đi du lịch Hà Nội bao giờ chưa?**　너는 하노이에 여행 가본 적 있니?
　　반　다　디 쥬(유) 릭　　하 노이 바오 져 쯔어

단어　đi 동 가다 | du lịch 동 여행하다 | bao giờ 의 언제 | đã 부 ~했다 | chưa 의 (완료여부 묻기)

✌️ **어휘 더하기!**

경험에 대해 묻고 답하기

'패턴 꽉!'에서의 표현을 확장하여 경험 여부에 대한 답변으로, 긍정(경험)일 때에는 rồi를, 부정(미경험)일 때에는 chưa로 표현한다. 이때, 미경험에 대해서 표현할 때에는, 'chưa bao giờ + 동사' (아직까지 ~해본 적이 없다)로 표현한다.

Ⓐ Bạn đã đi du lịch Hà Nội bao giờ chưa? 너는 하노이에 여행 가본 적 있니?

Ⓑ Rồi, Mình đã đi 2 lần rồi. 응, 나는 2번 가봤어.

　Chưa, Mình chưa bao giờ đi du lịch Hà Nội. 아직, 나는 아직까지 하노이에 가본 적이 없어.

Chị đã ăn món Thái Lan bao giờ chưa?

찌 다 안 먼 타이 란 바오 져 쯔어

언니(누나)는 태국 음식 먹어본 적 있어요?

ăn 동 먹다 | món 명 음식 | Thái Lan 명 태국

Anh đã xem phim lãng mạn bao giờ chưa?

아잉 다 쌤 핌 랑 만 바오 져 쯔어

오빠(형)는 로맨스 영화 본 적 있어요?

xem 동 시청하다 | phim 명 영화 | lãng mạn 형 낭만적인

Bạn đã sống ở nước ngoài bao giờ chưa?

반 다 쏨 어 느억 응오아이 바오 져 쯔어

너는 외국에 살아 본 적 있니?

sống 동 살다 | ở 전 ~에서 | nước ngoài 명 외국

Chị đã đi xe ôm bao giờ chưa?

찌 다 디 쌔 옴 바오 져 쯔어

언니(누나)는 쎄옴으로 가본 적 있나요?

đi 동 가다 | xe ôm 명 쎄옴(오토바이 택시)

Em mặc áo dài bao giờ chưa?

앰 막 아오 쟈(야)이 바오 져 쯔어

너는 아오자이를 입어본 적 있니?

mặc 동 입다 | áo dài 명 아오자이

Chị đã làm đồ gốm bao giờ chưa?

찌 다 람 도 곰 바오 져 쯔어

언니(누나)는 도자기를 만들어 본 적 있나요?

làm 동 만들다 | đồ gốm 명 도자기

08장

동사의 성격을 결정하는
유용한 "조동사"

문화8 베트남의 식사문화

45) [의무표현] ~하는 편이 좋겠다 / ~할 필요가 있다 / ~해야만 한다

46) [가능] ~할 수 있어요

47) [불가능] ~할 수 없어요

48) [가능 여부] ~가 가능해요?

49) [긍정의 수동] ~하게 되었어요

50) [부정의 수동] ~을 (당하게) 되었어요

베트남?

문화 **8**　　베트남의 식사문화

베트남 사람들의 식사 문화는 우리나라와 비슷한 듯 다른 모습을 보인다.

먼저 아침 식사의 경우, 우리의 경우 주로 집에서 식사를 챙겨 먹고 나가는 경우가 많은 반면, 베트남의 경우 대부분 사람이 밖에서 간단하게 사 먹는다. 쌀국수집에는 아침에도 사람들이 매우 많은 편이며, 특히 길거리에는 아침 식사 대용으로 간단히 파는 바게트인 바잉미(bánh

[길거리에서 빵을 사는 모습]
(사진 : img.v3.news.zdn.vn)

mì), 우리의 찹쌀밥과 비슷한 쏘이만(xôi mặn) 등을 쉽게 볼 수 있다.

[한국의 점심 껌반폼]
(사진 :)

점심의 경우, 주로 밥을 먹는 편으로, 여러 가지 밑반찬과 함께 먹는 한국의 식사와는 달리 밑반찬의 개념이 없으며 기본 밥에 반찬 2~3가지 정도와 국을 함께 곁들여 먹는다. 반찬으로는 고기나 생선, 야채 등이며 밥과 함께 기본적으로 생선 소스인 느억맘(nước mắm)이나 간장을 함께 먹는다. 흔히 이러한 식사를 '껌반폼(cơm văn phòng)'이라 부르는데, 베트남 사람들에게는 값이 비싸지 않고 간단히 먹을 수 있는 서민적인 한 끼의 식사이다.

저녁 식사의 경우 우리와 마찬가지로 주로 가족과 함께 먹는 경우가 많다. 세끼 중 제일 푸짐하게 먹는 식사이며, 다양한 요리를 하여 온 가족이 둘러앉아 먹는다. 베트남에서의 밥상을 보면, 여러 사람이 같이 먹을 수 있도록 음식을 커다란 그릇에 담아 식탁 위에 놓고 공동으로 먹는 특징을 가진다. 한국과 다른 점은, 공동으로 놓고 먹지만 반드시 개인 접시에 조금씩 덜어 먹는다는 점이다. 또한, 밥그릇을 식탁에 놓고 숟가락

[가정식 밥상의 모습]
(사진 : www.marrybaby.vn)

을 떠서 먹는 우리와는 달리, 밥그릇을 손바닥 위에 올려놓고 식사를 하며, 대부분 젓가락만 사용하여 식사한다. 숟가락은 국물 먹는 데만 사용하며, 식탁 위의 숟가락은 반드시 엎어놓는 문화가 있다. 일반적으로 식사와 함께 물보다는 차를 즐겨 마시는 점도 우리와는 다른 점이다.

45 주어 + nên / cần / phải + 동사

[의무표현] ~하는 편이 좋겠다 / ~할 필요가 있다 / ~해야만 한다

포인트 콕!

주어 + nên / cần / phải + 동사

- 'nên(~하는 편이 좋겠다)', 'cần(~할 필요가 있다)', 'phải(~해야만 한다)'는 동사 앞에서 의무 및 충고의 의미를 나타내는 조동사이다.

패턴 꽉!

- **đi khám bệnh** 진찰받으러 가다
  디 캄 베잉
- **nên đi khám bệnh** 진찰받으러 가는 편이 좋겠다
  넨 디 캄 베잉
- **cần đi khám bệnh** 진찰받으러 갈 필요가 있다
  껀 디 캄 베잉
- **phải đi khám bệnh** 진찰받으러 가야만 한다
  퐈이 디 캄 베잉
- **Anh nên đi khám bệnh.** 당신은 진찰받으러 가는 편이 좋겠어요.
  아잉 넨 디 캄 베잉
- **Anh cần đi khám bệnh.** 당신은 진찰받으러 갈 필요가 있어요.
  아잉 껀 디 캄 베잉
- **Anh phải đi khám bệnh.** 당신은 진찰을 받으러 가야만 해요.
  아잉 퐈이 디 캄 베잉

단어 nên 동 ~하는 편이 좋겠다 | cần 동 ~할 필요가 있다 | phải 동 ~해야만 한다 | đi 동 가다 | khám bệnh 동 진찰하다, 진찰받다

어휘 더하기!

〈cần + 명사〉의 형태

〈cần + 명사〉의 형태로 쓰일 때는 단순히 '~이/가 필요하다'의 의미를 가진다.

예 Tôi cần xe đạp. 나는 자전거가 필요하다.
Tôi không cần xe đạp. 나는 자전거가 필요 없다.

단어 xe đạp 명 자전거

Bạn nên đặt vé máy bay.

반 녠 닫 붸 마이 바이

너는 비행기 티켓을 예약하는 편이 좋겠다.

đặt 통 예약하다 | vé 명 티켓 | máy bay 명 비행기

Em nên kiểm tra sức khỏe.

앰 녠 끼엠 짜 슥 쾌

너는 건강검진을 하는 편이 좋겠다.

kiểm tra 통 검사하다 | sức khỏe 명 건강

Tôi cần tập thể dục.

또이 껀 떱 테 쥭(윰)

나는 운동을 할 필요가 있다.

tập thể dục 통 운동하다

Tôi cần ăn kiêng.

또이 껀 안 끼엥

나는 다이어트 할 필요가 있다.

ăn kiêng 통 다이어트하다

Tôi phải uống thuốc.

또이 퐈이 우옴 투옵

나는 약을 먹어야만 한다.

uống thuốc 통 약을 복용하다

Tôi phải làm bài tập.

또이 퐈이 람 바이 떱

나는 숙제를 해야만 한다.

làm 통 하다 | bài tập 명 숙제

46 주어 + có thể + 동사 + được

[가능] ~할 수 있어요

 포인트 콕!

- 'có thể'와 'được'은 각각 동사 앞과 뒤에 사용하여 가능성을 나타내는 표현이 된다. 이때, 〈có thể + 동사〉, 〈동사 + được〉의 형태로 둘 중 하나만 사용하여도, 또 패턴과 같이 모두 사용하여도 가능성의 의미는 같다.

패턴 꽉!

- **bóng bàn**   탁구
  봄   반

- **chơi bóng bàn**   탁구치다
  쩌이   봄   반

- **có thể chơi bóng bàn được**   탁구 칠 수 있다
  꺼 테 쩌이 봄   반   드억

- **Tôi có thể chơi bóng bàn được.**   나는 탁구 칠 수 있다.
  또이 꺼 테 쩌이 봄   반   드억

단어 bóng bàn 명 탁구 | chơi 동 (운동 등을) 플레이 하다 | có thể 동 ~할 수 있다 |
được 동 ~할 수 있다

어휘 더하기!

chơi의 쓰임

동사 chơi는 영어의 'play'의 쓰임과 비슷하며, 악기, 운동 종목 등 앞에 사용하여 '플래이 하다'는 의미를, 또 단순히 '놀다'라는 의미를 가지기도 한다.

- chơi piano / vi-ô-lông : 피아노 / 바이올린을 연주하다
- chơi bóng đá / bóng rổ / bóng chày : 축구 / 농구 / 야구를 하다
- chơi game : 게임을 하다
- đi chơi : 놀러 가다

Tôi có thể **làm bánh ngọt** được.

또이 꺼 테 람 바잉 응옫 드억

나는 케이크를 만들 수 있다.

làm 통 만들다 | bánh ngọt 명 케잌

Tôi có thể **nói tiếng Việt** được.

또이 꺼 테 너이 띠엥 비엗 드억

나는 베트남어를 말할 수 있다.

nói 통 말하다 | tiếng Việt 명 베트남어

Anh ấy có thể **đi ra ngoài** được.

아잉 어이 꺼 테 디 쟈(라) 응오아이 드억

그는 밖에 나갈 수도 있다.

đi ra 통 나가다 | ngoài 명 밖

Bạn có thể **trả lại** được.

반 꺼 테 쨔 라이 드억

너는 환불할 수 있다.

trả lại 통 환불하다

Ở đây có thể **giảm giá** được.

어 더이 꺼 테 쟘(얌) 쟈(야) 드억

여기에서는 가격을 흥정할 수 있다.

ở 전 ~에 | giảm 통 줄이다 | giá 명 가격

Tôi có thể **đến dự tiệc** được.

또이 꺼 테 덴 즈 띠엑 드억

나는 파티에 참석할 수 있다.

đến 통 도착하다 | dự 통 참석하다 | tiệc 명 파티

47 주어 + không thể + 동사 + được

[불가능] ~할 수 없어요

 포인트 콕!

- 가능을 나타내는 표현인 'có thể'와 'được'이 không과 결합 시에는 불가능의 의미를 나타내는 표현이 된다. 이때, 〈không thể + 동사 + được〉의 형태 외에, 〈không thể + 동사〉, 〈không + 동사 + được〉, 〈동사 + không được〉으로도 사용할 수 있으며 모두 불가능을 나타내는 의미는 같다.

패턴 꽉!

- **tham gia**   참가하다
  탐   쟈(야)

- **tham gia được**   참가할 수 있다
  탐   쟈(야) 드억

- **không thể tham gia được**   참가할 수 없다
  콤   테   탐   쟈(야) 드억

- **Tôi không thể tham gia được.**   나는 참가할 수 없다.
  또이 콤   테   탐   쟈(야) 드억

단어   tham gia 동 참가하다 | không thể 동 ~할 수 없다 | được 동 ~할 수 있다

어휘 더하기!

불가능을 나타내는 다양한 형태

불가능을 나타내는 표현은 아래와 같이 다양한 형태로 변형하여 표현할 수 있으며 의미는 모두 같다.

- không thể + 동사 : Tôi không thể tham gia.
- không + 동사 + được : Tôi không tham gia được.
- không thể + 동사 + được : Tôi không thể tham gia được.

Tôi không thể **ăn sầu riêng** được.

또이 콤 테 안 써우 지(리)엥 드억

나는 두리안을 먹을 수 없다.

ăn 통 먹다 | sầu riêng 명 두리안

Tôi không thể **tìm đường** được.

또이 콤 테 띰 드엉 드억

나는 길을 찾을 수 없었다.

tìm 통 찾다 | đường 명 길

Anh ấy không thể **thuê nhà** được.

아잉 어이 콤 테 투에 냐 드억

그는 집을 빌릴 수 없었다.

thuê 통 (집, 차 등을) 빌리다 | nhà 명 집

Chị ấy không thể **uống rượu** được.

찌 어이 콤 테 우옴 즈(르)어우 드억

그녀는 술을 마실 수 없다.

uống 통 마시다 | rượu 명 술

Tôi không thể **nhận thư** được.

또이 콤 테 년 트 드억

나는 편지를 받을 수 없었다.

nhận 통 받다 | thư 명 편지

Em không thể **nói to** được.

앰 콤 테 너이 떠 드억

너는 크게 말할 수 없다.

nói 통 말하다 | to 형 큰

48 주어 + 동사 + được không?

[가능 여부] ~가 가능해요?

 포인트 콕!

주어 + 동사 + được không?

• 가능성을 나타내는 동사 'được'을 활용한 의문문 형태로, 문장 끝에 〈~được không?〉을 붙여주면 앞의 사실에 대한 가능 여부를 물어보는 질문의 형태가 된다. 상황에 따라 단순한 가능 여부를 묻기도, 정중한 부탁의 표현이 되기도 한다.

패턴 꽉!

- **sử dụng**
  스 쭘(융)
  사용하다

- **sử dụng cái bút**
  스 쭘(융) 까이 붇
  볼펜을 사용하다

- **sử dụng cái bút được không**
  스 쭘(융) 까이 붇 드억 콤
  볼펜을 사용하는 것이 가능한가요

- **Em sử dụng cái bút được không?**
  앰 스 쭘(융) 까이 붇 드억 콤
  제가 볼펜을 사용해도 될까요?

단어 sử dụng 동 사용하다 | (cái) bút 명 볼펜 | được 동 ~할 수 있다

어휘 더하기!

~được không?에 대한 대답

가능성 여부를 묻는 표현이 ~được không? 에 대하여, 긍정(가능)일 때는 được(가능하다), 부정(불가능)일 때는 không được(가능하지 않다)로 대답한다.

Ⓐ Em sử dụng cái bút được không? 제가 볼펜을 사용해도 될까요?

Ⓑ (가능) Được, em có thể sử dụng cái bút được. 가능해, 넌 볼펜을 사용해도 돼.

(불가능) Không được, bây giờ anh phải sử dụng. 안돼, 지금 형(오빠)은 사용해야 해.

단어 bây giờ 명 지금 | phải 동 ~해야 한다 | sử dụng 동 사용하다

Chị lái xe máy được không?

찌 라이 쌔 마이 드억 콤

누나(언니)는 오토바이를 운전할 수 있어요?

lái 통 운전하다 | xe máy 명 오토바이

Chúng ta nghỉ một chút được không?

쭘 따 응이 몯 쭏 드억 콤

우리 잠시 쉬어도 될까요?

nghỉ 통 쉬다 | một chút 잠시, 조금

Em ăn rau thơm được không?

앰 안 자(라)우 텀 드억 콤

너는 향채를 먹을 수 있니?

ăn 통 먹다 | rau thơm 명 향채

Bạn chơi bóng chày được không?

반 쩌이 봄 짜이 드억 콤

너는 야구를 할 수 있니?

chơi 통 (운동 등) 플레이 하다 | bóng chày 명 야구

Anh đi chụp ảnh với em được không?

아잉 디 쭙 아잉 붜이 앰 드억 콤

형(오빠)은 저와 함께 사진 찍으러 갈 수 있어요?

đi 통 가다 | chụp 통 찍다 | ảnh 명 사진 | với 전 ~와 (함께)

Tôi đổi chỗ được không?

또이 도이 쪼 드억 콤

제가 자리를 바꿔도 될까요?

đổi 통 바꾸다 | chỗ 명 자리

주어 + được (+ 행위 주체) + 동사

[긍정의 수동] ~하게 되었어요

포인트 콕!

• được이 동사 앞에 위치하는 경우 긍정적 의미의 수동을 나타낸다. 단순히 'được + 동사'의 형태로써 긍정적 의미를 강조하는 수동태를 나타내기도 하며, 행위의 주체를 명확히 나타내고 싶은 경우에는 그 행위의 주체를 동사 앞에 넣어준다.

패턴 꽉!

● **tặng quà**
땅 꾸아

선물하다

● **bạn gái tặng quà**
반 가이 땅 꾸아

여자친구가 선물하다

● **được bạn gái tặng qùa**
드억 반 가이 땅 꾸아

여자친구로부터 선물을 받게 되다

● **Tôi được bạn gái tặng quà.**
또이 드억 반 가이 땅 꾸아

나는 여자친구로부터 선물을 받게 됐다.

단어 tặng 동 선물하다 | quà 명 선물 | được 부 ~하게 되다 | bạn gái 명 여자친구

어휘 더하기!

được의 다양한 쓰임

được 은 동사와의 위치에 따라서 아래와 같이 쓰임을 구분할 수 있다.

• 가능) 동사 + được : ~ 할 수 있다

    예 Tôi nói tiếng Việt được. 나는 베트남어를 말할 수 있다.

• 수동) được + 동사 : ~하게 되다

    예 Rất vui được gặp bạn. 너를 만나게 되어서 매우 기쁘다.

단어 nói 동 말하다 | tiếng Việt 명 베트남어 | rất 부 매우 | vui 형 기쁜 | gặp 동 만나다

Tôi đã được ông giám đốc khen.
또이 다 드억 옴 쟘(얌) 돕 캔

나는 사장님으로부터 칭찬을 받았다.

> giám đốc 몡 사장 | khen 통 칭찬하다

Bạn ấy được chị gái chăm sóc.
반 어이 드억 찌 가이 짬 쏩

그 친구는 언니(누나)로부터 보살핌을 받는다.

> chị gái 몡 누나, 언니 | chăm sóc 통 보살피다

Cà phê được công ty ABC nhập khẩu.
까 페 드억 꼼 띠 ABC 녑 커우

커피는 회사로부터 수입됐다.

> cà phê 몡 커피 | công ty 몡 회사 | nhập khẩu 통 수입하다

Tôi được nhận quà vào ngày sinh nhật.
또이 드억 년 꾸아 봐오 응아이 씽 녇

나는 생일에 선물을 받게 되었다.

> nhận 통 받다 | quà 몡 선물 | vào 쩐 ~에 | ngày 몡 일 | sinh nhật 몡 생일

Kinh tế Việt Nam được phát triển.
낑 떼 비엘 남 드억 팥 찌엔

베트남 경제는 발전하게 되었다.

> kinh tế 몡 경제 | phát triển 통 발전하다

Trung tâm mua sắm được khai trương.
쭘 떰 무어 쌈 드억 카이 쯔엉

쇼핑센터는 개장되었다.

> trung tâm mua sắm 몡 쇼핑센터 | khai trương 통 개업하다, 개장하다

50

주어 + bị (+ 행위 주체) + 동사

[부정의 수동] ~을 (당하게) 되었어요

 포인트 콕!

- bị가 동사 앞에 위치하는 경우 부정적 의미의 수동을 나타낸다. 역시 단순히 'bị + 동사'의 형태로써 부정적 의미를 강조하는 수동태를 나타내기도 하며, 행위의 주체를 명확히 나타내고 싶은 경우에는 그 행위의 주체를 동사 앞에 넣어준다.

패턴 꽉!

● **phê bình**　　　　　　　　　　　　　비난하다
　 페　　빙

● **anh ấy phê bình**　　　　　　　　　그는 비난했다
　 아잉　어이 페　 빙

● **bị anh ấy phê bình**　　　　　　　그로부터 비난을 받았다
　 비 아잉　어이 페　 빙

● **Tôi bị anh ấy phê bình.**　　　　나는 그로부터 비난을 받았다.
　 또이 비 아잉　어이 페 빙

단어 phê bình 동 비난하다 | bị 부 ~하게 되다

어휘 더하기!

bị + 병명 : ~에 걸리다.

수동의 표현인 bị는 병명과 결합하여 아픈 증상을 표현하기도 한다.

예 Anh ấy bị đau đầu. 그는 머리가 아프다.

단어 đau 형 아픈 | đầu 명 머리

Em ấy bị mẹ la mắng.
앰 어이 비 매 라 망

그 아이는 엄마로부터 꾸지람을 듣게 되었다.

mẹ 명 엄마 | la mắng 통 (큰소리로) 꾸지람을 하다

Tôi bị cảnh sát phạt.
또이 비 까잉 쌀 팥

나는 경찰로부터 벌금을 부과받게 되었다.

cảnh sát 명 경찰 | phạt 통 벌금을 과하다

Anh ấy bị bọn chúng cướp đồ.
아잉 어이 비 본 쭘 끄업 도

그는 무리로부터 소매치기를 당했다.

bọn chúng 명 무리 | cướp 통 빼앗다 | đồ 명 물건

Anh ấy bị tai nạn giao thông.
아잉 어이 비 따이 난 쟈(야)오 톰

그는 교통사고를 당했다.

tai nạn 통 사고나다 | giao thông 명 교통

Thu nhập bị giảm.
투 녑 비 쟘(얌)

수입이 줄게 되었다.

thu nhập 명 수입 | giảm 통 줄다

Chị bị cảm nặng.
찌 비 깜 낭

언니(누나)는 감기에 심하게 걸렸다.

bị cảm. 통 감기에 걸리다 | nặng 형 무거운, 심한

09장

동사나 형용사를
강조하는 "부사"

문화9 　베트남인이 즐겨 마시는 음료

51) 　[동조] 역시 ～해요

52) 　[지속] 여전히 ～해요

53) 　[강조] 모두 ～해요

54) 　[한정] 오직 ～인

55) 　[반복] 다시 ～해요

56) 　[빈도] 보통 ～해요

57) 　[빈도] 자주 ～해요

58) 　[빈도] 항상 ～해요

베트남?

문화 **9**   베트남인이 즐겨 마시는 음료

베트남인이 즐겨 마시는 음료

베트남은 더운 날씨로 인해 음료 문화가 매우 발달되어 있으며, 거리를 지나다 보면 건물 안에 있는 카페는 물론, 길거리 노천카페 및 야외 카페도 즐비한 모습을 쉽게 볼 수 있다. 또한, 음료 역시 베트남에서만 맛볼 수 있는 다양한 종류가 있는데 다음은 베트남인이 즐겨 마시는 음료들이다.

[까페 쓰어 다] (사진 : img.v3.news.zdn.vn)

+ 연유 커피 카페 쓰어 다(Cà phê sữa đá)

베트남에만 있는 커피 종류로, 이름을 직역하면 '아이스 밀크 커피'이지만, 우리가 생각하는 라떼 종류의 커피와는 달리 우유에 연유와 함께 먹는 커피로 진하고 단맛이 강한 것이 특징이다. 처음엔 단맛이 너무 강한 듯하지만, 더운 날씨로 인해 빨리 녹기 때문에 이내 마시기 딱 좋은 맛이 된다.

연유가 들어가지 않은 까페 다(cà phê đá)도 있지만, 특유의 달달한 맛이 일품인 까페 쓰어 다는 외국인에게 무척이나 인기 있는 커피 종류이자 베트남을 가장 대표하는 음료이기도 하다.

+ 상큼한 느억 짠(nước chanh) 또는 짠다(chanh đá)

한국의 레모네이드와 비슷한 맛이 나는 느억 짠(nước chanh)은 라임과 같은 베트남의 작은 레몬인 짜잉(chanh)을 약간의 설탕과 함께 넣어 만드는 음료이다. 베트남 사람들은 평소에도 이 느억 짠을 즐겨 먹지만 특히 숙취 해소에 좋다 하여 술을 마신 다음 날 먹기도 하고, 미용이나 다이어트의 목적으로 마시기도 한다.

[상큼한 또는 짠다] (사진 : blog.sapo.vn)

[길거리의 씽또 가게] (사진 : vandinh.vn)

+ 다양한 열대과일 셰이크 씽 또(sinh tố)

씽 또(sinh tố)는 우리나라의 생과일주스와 같은 음료로, 과일과 함께 연유, 설탕을 넣고 함께 갈아 만든 음료이다. 특히 베트남에는 열대과일이 무척 많기 때문에 한국에서는 맛볼 수 없는 다양한 열대과일 셰이크를 맛볼 수 있다. 우리나라에서는 생과일주스의 가격이 5~6천 원 정도로 저렴한 가격이 아니지만, 베트남의 '씽 또'는 매우 저렴한 편이며, 길거리에서 흔하게 마실 수 있는 음료의 종류이다.

51 주어 + cũng + 동사 / 형용사

[동조] 역시 ~해요

 포인트 콕!

- cũng은 '~도 역시'의 뜻을 가지며 동사, 형용사 앞에 위치하여 앞의 내용과 같음을 나타낸다.

패턴 꽉!

- **đồng ý**
  돔　　이
  동의하다

- **Tôi đồng ý.**
  또이　돔　　이
  나는 동의한다.

- **Tôi cũng đồng ý.**
  또이　꿈　돔　　이
  나도 역시 동의한다.

단어　đồng ý 동 동의하다 | cũng 부 ~도 역시

어휘 더하기!

동조와 거절의 표현

'패턴 꽉!'에서의 표현을 확장하여, 상대에게 동조하거나 거절하는 말을 할 때 앞에 습관적으로 붙여 쓰는 표현들이다. 형용사의 뒤에 사용한 강조 부사는 quá대신 lắm, thật 등으로 바꾸어 사용할 수 있다.

동조의 표현	Thích quá !	정말 좋아!
	Hay quá!	정말 멋지다!
	Tốt quá!	정말 좋아!
	Vui quá !	정말 기뻐!
	Dĩ nhiên!	당연해!
거절의 표현	Tiếc quá!	정말 안타깝다!
	Xin lỗi!	미안해!
	Buồn quá!	정말 슬프구나!

Anh ấy cũng không mang ví.
아잉 어이꿈 콤 망 뷔

그도 역시 지갑을 가지고 오지 않았다.

| không 틧 ~이 아닌 | mang 통 가지고 오다 | ví 톙 지갑 |

Tôi cũng nghĩ như vậy.
또이 꿈 응이 느 버이

나도 역시 그처럼 생각한다.

| nghĩ 통 생각하다 | như vậy 틧 그처럼 |

Ai cũng không muốn đi nha khoa.
아이 꿈 콤 무온 디 냐 콰

누구도 역시 치과에 가는 것을 원하지 않는다.

| ai 톙 누구 | muốn 통 원하다 | đi 통 가다 | nha khoa 톙 치과 |

Bạn ấy cũng đeo đồng hồ kim loại.
반 어이 꿈 대오 돔 호 낌 로아이

그 친구도 역시 메탈 시계를 착용했다.

| đeo 통 (시계, 악세사리 등) 착용하다 | đồng hồ 톙 시계 | kim loại 톙 금속 |

Tiệm đó cũng đang hạ giá.
띠엠 더 꿈 당 하 쟈(야)

그 가게도 역시 세일 중이다.

| tiệm 톙 가게 | đó 톙 그 | đang 틧 ~하고 있다 | hạ giá 통 할인하다 |

Tôi cũng đau chân.
또이 꿈 다우 쩐

나도 역시 다리가 아프다.

| đau 톙 아프다 | chân 톙 다리 |

주어 + còn / vẫn + 동사 / 형용사

[지속] 여전히 ~해요

포인트 퀵!

· còn / vẫn은 '여전히 ~한'의 뜻을 가지며, 동사 또는 형용사 앞에 위치하여 어떤 일이나 상황이 지속함을 나타낸다.

패턴 꽉!

● **trẻ**
째

젊은

● **Cô ấy trẻ.**
꼬 어이 째

그 선생님은 젊다.

● **Cô ấy còn / vẫn trẻ.**
꼬 어이 껀 븬 째

그 선생님은 여전히 젊다.

단어 trẻ 형 젊은 | còn / vẫn 부 여전히 ~인

어휘 더하기!

còn의 다양한 쓰임

còn은 부사로써의 쓰임 외에, 동사로는 '남아있다'의 뜻을, 접속사로는 대비를 나타내는 '그런데'의 뜻을 가진다. 접속사로써의 쓰임은 70강 패턴에서 자세히 다루도록 한다.

예 동사 : Tôi còn 50.000 đồng. 나는 5만 동이 남아있다.

접속사 : Tôi ăn phở bò. Còn anh? 저는 소고기 쌀국수를 먹을래요. 그런데 형(오빠)은요?

Trái cây còn / vẫn **tươi.**

짜이 꺼이 껀 뷘 뜨어이

과일은 여전히 신선하다.

trái cây 몡 과일 | tươi 혱 신선한

Anh ấy còn / vẫn **ngồi trên ghế.**

아잉 어이 껀 뷘 응오이 쩬 게

그는 여전히 의자 위에 앉아 있다.

ngồi 동 앉다 | trên 젼 위에 | ghế 몡 의자

Nhà này còn / vẫn **trống không.**

냐 나이 껀 뷘 쫌 콤

이 집은 여전히 텅 비어 있다.

nhà 몡 집 | này 혱 이 | trống không 혱 텅 빈

Tôi còn / vẫn **có bị dị ứng thịt gà.**

또이 껀 뷘 꺼 비 지(이)응 텉 가

나는 여전히 닭고기 알레르기가 있다.

có 동 가지고 있다 | (bị) dị ứng 몡 알레르기 | thịt ga 몡 닭고기

Gia đình ấy còn / vẫn **giàu có.**

쟈(야) 딩 어이 껀 뷘 쟈(야)우 꺼

그 가족은 여전히 부유하다.

gia đình 몡 가족 | giàu có 혱 부유한

Bây giờ trời còn / vẫn **mưa.**

버이 져 쩌이 껀 뷘 므어

지금도 여전히 비가 온다.

bây giờ 몡 지금 | trời 몡 하늘, 날씨에 대한 비인칭 주어 | mưa 혱 비오는

53 주어 + đều + 동사 / 형용사

[강조] 모두 ~해요

👉 **포인트 콕!**

• đều는 '모두~인/~한'의 뜻을 가지며, 동사 또는 형용사 앞에 위치하여 그 의미를 강조한다. 이때 주어는 반드시 복수주어이어야 한다.

✋ **패턴 꽉!**

→ **du học sinh**   유학생
쥬(유) 홉   싱

→ **là du học sinh**   유학생이다
라 쥬(유)   홉   싱

→ **Chúng tôi là du học sinh.**   우리는 유학생이다.
쭘   또이 라 쥬(유) 홉 싱

→ **Chúng tôi đều là du học sinh.**   우리는 모두 유학생이다.
쭘   또이 데우 라 쥬(유) 홉   싱

단어 du học sinh 몡 유학생 | đều 뷔 모두 ~인 | là 동 ~이다

✌ **어휘 더하기!**

tất cả + 명사 : 모든 ~

• tất cả 는 명사 앞에 사용하여 '모든'의 뜻을 가지며, 명사 전체를 가리키기 위해 사용합니다.
예 Tất cả nhân viên đều nghỉ. 모든 직원들이 (모두) 쉰다.

단어 nhân viên 몡 직원 | nghỉ 동 쉬다

Các em ấy đều lười biếng.
깍 앰 어이 데우 르어이 비엥

그 아이들은 모두 게으르다.

các 명 ~들 | lười biếng 형 게으른

Việt Nam và Hàn Quốc đều là nước châu Á.
비엣 남 봐 한 꾸옵 데우 라 느억 쩌우 아

베트남과 한국은 모두 아시아 국가이다.

Việt Nam 명 베트남 | và 접 그리고 | Hàn Quốc 명 한국 | nước 명 나라 | châu Á 명 아시아

Hai cô gái đều yêu anh ấy.
하이 꼬 가이 데우 예우 아잉 어이

두 여자는 모두 그를 사랑한다.

cô gái 명 아가씨, 젊은 여성 | yêu 동 사랑하다

Tất cả các nơi đều hấp dẫn.
떧 까 깍 너이 데우 헙 견(연)

모든 장소가 모두 매력적이다.

tất cả 부 모두 | các 명 ~들 | nơi 명 장소 | hấp dẫn 형 매력있는

Hai vợ chồng đều đi làm.
하이 붜 쫌 데우 디 람

두 부부는 모두 일하러 간다. (맞벌이이다)

vợ chồng 명 부부 | đi 동 가다 | làm 동 일하다

Tôi và bạn trai đều nghiện cà phê rồi.
또이 봐 반 짜이 데우 응이엔 까 페 죠(로)이

나와 남자친구는 모두 이미 커피에 중독됐다.

bạn trai 명 남자친구 | nghiện 동 중독되다 | cà phê 명 커피 | rồi 부 이미 ~인

54 chỉ + 대상 + thôi
[한정] 오직 ~인

✍️ **포인트 콕!**

• chỉ와 thôi는 모두 '오직, 단지'의 뜻을 가지며 한정을 나타내는 표현으로, 강조하고 싶은 단어의 앞에 는 chỉ를, 문장 끝에는 thôi를 사용하여 나타낸다. chỉ와 thôi 중 간단히 하나만 사용하여 나타내기도 하며 그 의미는 같다.

🖐️ **패턴 꽉!**

- **một ly sữa**
  몯   리   쓰어

한 잔의 우유

- **chỉ một ly sữa thôi**
  찌   몯   리   쓰어   토이

오직 한 잔의 우유

- **uống chỉ một ly sữa thôi**
  우옹   찌   몯   리   쓰어   토이

오직 한 잔의 우유를 마시다

- **Hôm nay tôi uống chỉ một ly sữa thôi.**
  홈   나이   또이 우옹   찌   몯   리   쓰어   토이

오늘 나는 오직 한 잔의 우유를 마셨다.

단어 ly 명 잔 | sữa 명 우유 | chỉ 부 단지 ~인 | thôi 부 단지 ~인 | uống 동 마시다 | hôm nay 명 오늘

✌️ **어휘 더하기!**

명사의 개수 표현
명사의 수를 표현할 때에는 반드시 〈숫자 + 단위명사 + 명사〉의 어순으로 표현함을 유의한다.
- ba ly cà phê sữa đá : 세 잔의 아이스 밀크커피
- hai bát cơm trắng : 두 그릇의 흰 쌀밥
- một đĩa rau luộc : 한 접시의 삶은 야채

Tôi chỉ đọc sách tiểu thuyết thôi.

또이 찌 돕 싸익 띠에우 투옌 토이

나는 오직 소설책만 읽는다.

| đọc 동 읽다 | sách 명 책 | tiểu thuyết 명 소설 |

Tôi chỉ muốn tập trung vào việc này thôi.

또이 찌 무온 떱 쭘 봐오 비엑 나이 토이

나는 오직 이 일에만 집중하고 싶다.

| muốn 동 원하다 | tập trung 동 집중하다 | việc 명 일 | này 대 이 |

Tiệm đó chỉ bán nữ trang thôi.

띠엠 더 찌 반 느 짱 토이

그 가게는 오직 액세서리만 판다.

| tiệm 명 가게 | đó 형 그 | bán 동 팔다 | nữ trang 명 액세서리 |

Anh ấy chỉ biết nói tiếng mẹ đẻ thôi.

아잉 어이 찌 비엗 너이 띠엥 매 대 토이

그는 오직 모국어만 말할 줄 안다.

| biết 동 알다 | nói 동 말하다 | tiếng mẹ đẻ 명 모국어 |

Hai vợ chồng chỉ có một con thôi.

하이 붜 쫌 찌 꺼 몯 껀 토이

두 부부는 오직 하나의 자식이 있다.

| vợ chồng 명 부부 | có 동 가지고 있다 | con 명 자식 |

Đi bộ chỉ mất 5 phút thôi.

디 보 찌 먿 남 푿 토이

걸어서 단지 5분이 걸린다.

| đi bộ 동 걸어가다 | mất 동 걸리다 | phút 명 분 |

55 주어 + 동사 + lại

[반복] 다시 ~해요

포인트 콕!

• lại는 '다시'의 뜻을 가지며 동사 뒤에 사용하면 어떤 행위나 동작의 반복을 나타낸다.

패턴 꽉!

● **nói**
너이

말하다

● **nói lời xin lỗi**
너이 러이 씬   로이

미안하다고 말하다

● **nói lại lời xin lỗi**
너이 라이 러이 씬   로이

미안하다고 다시 말하다

● **Tôi nói lại lời xin lỗi.**
또이 너이 라이 러이 씬   로이

저는 미안하다고 다시 말했어요.

단어   nói 동 말하다 | lời 명 말 | xin lỗi 동 미안하다 | lại 부 다시

어휘 더하기!

〈lại + 동사〉 : 또 ~하다

〈'lại + 동사'의 형태로 동사 앞에 lại를 사용하는 경우는 구어체 표현으로 화자가 생각하기에 일반적이지 않은 반복에 대하여 말할 때 사용하며 '또 ~한'으로 해석한다.

예 Em lại đến muộn à? 너는 또 늦게 왔니?

단어   đến 동 도착하다 | muộn 형 늦은

Chúng ta hẹn gặp lại.

쭘 따 핸 갑 라이

우리 다시 만나요.

hẹn 동 약속하다 | gặp 동 만나다

Xin anh đọc lại.

씬 아잉 돕 라이

다시 읽어 주세요.

xin 동 요청하다 | đọc 동 읽다

Tôi tìm lại tư liệu nghiên cứu.

또이 띰 라이 뜨 리에우 응이엔 꾸

나는 연구 자료를 다시 찾는다.

tìm 동 찾다 | tư liệu 명 자료 | nghiên cứu 명 연구

Tôi xem lại phim hoạt hình.

또이 쌤 라이 핌 호앋 힝

나는 애니이션 영화를 다시 본다.

xem 동 시청하다 | phim 명 영화 | hoạt hình 명 애니메이션

Chúng tôi thảo luận lại.

쭘 또이 타오 루언 라이

우리는 다시 토론한다.

thảo luận 동 토론하다

Anh ấy về lại quê hương.

아잉 어이 붸 라이 꽤 흐엉

그는 고향에 다시 돌아갔다.

về 동 돌아가다 | quê hương 명 고향

56 주어 + thường + 동사

[빈도] 보통 ~해요

주어 + thường + 동사

🖐 **포인트 콕!**

- thường은 빈도 부사로써 '보통 ~하는'의 뜻을 가진다.
- 주어와 서술어 사이에 위치하며, 습관적인 어떤 행위를 나타낼 때 사용한다.

🖐 **패턴 꽉!**

- **uống**
  우옹

  마시다

- **uống cà phê đen**
  우옹 까 페 댄

  블랙커피를 마시다

- **Buổi sáng tôi uống cà phê đen.**
  부오이 쌍   또이 우옹   까 페 댄

  아침에 나는 블랙커피를 마신다.

- **Buổi sáng tôi thường uống cà phê đen.**
  부오이 쌍   또이 트엉   우옹   까 페 댄

  아침에 나는 보통 블랙커피를 마셔요.

단어 uống 동 마시다 | cà phê đen 명 블랙커피 | thường 부 보통 ~하는 | buổi sáng 명 아침

🖐 **어휘 더하기!**

시간대 및 식사 표현

베트남어에서는 우리말처럼 시간대와 식사의 표현 단어가 동일하다. 때로는 이를 구분하기 위해 시간대를 나타낼 때에는 buổi, 식사를 나타낼 때에는 bữa를 앞에 붙여 사용하기도 한다.

시간대	buổi sáng	아침	식사	bữa sáng	아침
	buổi trưa	점심		bữa trưa	점심
	buổi chiều	오후		bữa chiều	오후
	buổi tối	저녁		bữa tối	저녁
	buổi / ban đêm	밤		bữa đêm	밤

예 Buổi sáng, tôi tập thể dục. 아침에 나는 운동을 한다.

Tôi ăn sáng lúc 7 giờ rưỡi. 나는 7시 반에 아침을 먹는다.

단어 tập thể dục 동 운동하다 | ăn 동 먹다 | lúc 전 ~에 | giờ 명 시 | rưỡi 명 절반

Tôi thường đổi tiền ở ngân hàng.

또이 트엉　　도이 띠엔　어 응언　　항

나는 보통 은행에서 환전한다.

đổi tiền 동 환전하다 | ở 전 ~에서 | ngân hàng 명 은행

Cuối tuần em ấy thường đi leo núi.

꾸오이 뚜언　앰　어이 트엉　　디 래오 누이

주말에 그 아이는 보통 등산을 간다.

cuối tuần 명 주말 | đi 동 가다 | leo núi 동 산에 오르다

Tôi thường đổ xăng một lần một tuần.

또이 트엉　　도 쌍　몯 런 몯 뚜언

나는 보통 일주일에 한 번 기름을 넣는다.

đổ 동 붓다, 쏟다 | xăng 명 기름(휘발유) | lần 명 번, 횟수 | tuần 명 주

Tôi thường ăn nhanh.

또이 트엉　　안 냐잉

나는 보통 빠르게 먹는다. (먹는 편이다)

ăn 동 먹다 | nhanh 형 빠른

Em ấy thường ngủ trưa trong lớp.

앰　어이 트엉　　응우 쯔어 쫌 럽

그 아이는 보통 교실에서 낮잠을 잔다.

ngủ trưa 동 낮잠자다 | trong 전 ~안에 | lớp 명 교실

Tôi thường rửa xe một mình.

또이 트엉　　즈(르)어 쌔 몯 밍

나는 보통 혼자 세차를 한다.

rửa xe 동 세차하다 | một mình 형 혼자

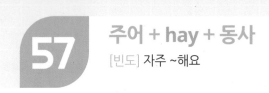

57 주어 + hay + 동사

[빈도] 자주 ~해요

포인트 콕!

- hay는 빈도 부사로써 '자주 ~하는'의 뜻을 가진다.
- 주어와 서술어 사이에 위치하며, 빈도가 잦은 일에 대해서 말할 때 사용한다.

패턴 꽉!

- **khóc**
  콥

  울다

- **Cô ấy khóc.**
  꼬 어이 콥

  그녀는 운다.

- **Cô ấy hay khóc.**
  꼬 어이 하이 콥

  그녀는 자주 운다.

단어 khóc 동 울다 | hay 부 자주

어휘 더하기!

주어 + có + hay + 동사 + không? : 주어는 ~을 자주 합니까?

빈도에 대해 물어보는 표현으로, 동사형의 의문문인 '주어 + có + 동사 + không?'에 빈도 부사
hay를 넣어 표현한다.

예 Bạn có hay đi bơi không? 너는 수영을 자주 가니?

단어 đi 동 가다 | bơi 동 수영하다

Tôi hay đi thư viện.

또이 하이 디 트 비엔

나는 자주 도서관에 간다.

đi 동 가다 | thư viện 명 도서관

Hai vợ chồng ấy hay cãi nhau.

하이 붜 쫌 어이 하이 까이 냐우

그 부부는 자주 말다툼을 한다.

vợ chồng 명 부부 | ấy 형 그 | cãi nhau 동 말다툼하다

Đường phố hay bị kẹt xe.

드엉 포 하이 비 껟 쌔

길이 자주 막힌다.

đường phố 명 길 | kẹt xe 명 교통 정체인

Em ấy hay vắng mặt.

앰 어이 하이 빵 맏

그 아이는 자주 결석한다.

vắng mặt 동 결석하다

Cô ấy hay thức khuya.

꼬 어이 하이 특 쿠야

그녀는 자주 밤을 새운다.

thức khuya 동 밤을 새우다

Em ấy hay nhảy múa.

앰 어이 하이 냐이 무어

그 아이는 자주 춤을 춘다.

nhảy múa 동 춤추다

58 주어 + luôn (luôn) + 동사

[빈도] 항상 ~해요

포인트 콕!

• luôn은 빈도 부사로써 '항상 ~하는'의 뜻을 가지며, 주어와 서술어 사이에 위치한다.
• luôn 단독으로 사용하기도, luôn luôn으로 연달아 사용하기도 하며 그 의미는 같다.

패턴 꽉!

● **cười**   웃다
　　끄어이

● **Cô ấy cười.**   그녀는 웃는다.
　　꼬　어이 끄어이

● **Cô ấy luôn (luôn) cười.**   그녀는 항상 웃는다.
　　꼬　어이 루온　　루온　　끄어이

단어　cười 동 웃다 | luôn (luôn) 부 항상

어휘 더하기!

mỗi + 명사 : 각각의, 매~

〈mỗi는 형용사로 '각각의' 뜻을 가지며, 명사 앞에 사용한다.
예 Tôi luôn uống 2 ly cà phê mỗi ngày. 매일 나는 항상 2잔의 커피를 마신다.

　　　　단어　mỗi ngày 명 매일 | uống 동 마시다 | ly 명 잔 | cà phê 명 커피

mọi + 명사 : 모든 ~

mọi는 형용사로 '모든'의 뜻을 가지며, 역시 명사 앞에 사용한다. 앞서 배운 tất cả와 결합한 형태로도 많이 사용한다.
예 (Tất cả) Mọi học sinh đều thích giáo viên đó. 모든 학생들이 모두 그 선생님을 좋아한다.

　　단어　học sinh 명 학생 | đều 부 모두 | thích 동 좋아하다 | giáo viên 명 선생님 | đó 형 그

Anh ấy luôn (luôn) **phàn nàn.**

아잉 어이 루온   루온   판   난

그는 항상 불평한다.

phàn nàn 동 불평하다

Khu vực này luôn (luôn) **ồn ào.**

쿠   븍   나이 루온 루온   온 아오

이 구역은 항상 시끄럽다.

khu vực 명 구역 | này 대 이 | ồn ào 형 시끄러운

Cô ấy luôn (luôn) **giữ tóc ngắn.**

꼬 어이 루온   루온   즈 똡 응안

그녀는 항상 짧은 머리를 유지한다.

giữ 동 유지하다 | tóc 명 머리카락 | ngắn 형 짧은

Tôi luôn (luôn) **nhớ gia đình ở quê.**

또이 루온   루온   녀 쟈(야) 딩   어 꽤

나는 항상 고향에 있는 가족이 그립다.

nhớ 동 그리워하다 | gia đình 명 가족 | ở 전 ~에서 | quê 명 고향

Tôi luôn (luôn) **uống trà nóng.**

또이 루온   루온   우옴 쨔 놈

나는 항상 뜨거운 차를 마신다.

uống 동 마시다 | trà 명 차 | nóng 형 뜨거운

Ý kiến của anh ấy luôn (luôn) **hay lắm!**

이 끼엔 꾸어 아잉 어이 루온   루온   하이 람

그의 의견은 항상 매우 훌륭해요!

ý kiến 명 의견 | của 전 ~의 | hay 형 멋진, 재미있는 | lắm 부 매우

10장

특정 의미를 확정해주는
"전치사"

문화10 베트남을 상징하는 논라

59) ～하기 위해서

60) ～와 함께

61) ～로써

62) ～에, ～에서

63) ～을 위해

64) ～안에, ～동안

베트남?

문화 **10**   베트남을 상징하는 논라

[다양한 논라의 모양] (사진: alltheworldin2wheel)

논라(nón lá)는 삿갓 모양의 모자로, 이름 그대로 잎(lá)으로 엮은 모자(nón)를 뜻한다. 우리에게도 익숙한 삿갓 모양의 모자로 보기에는 특별할 것이 없어 보이지만 베트남 사람들의 삶 속에 예전부터 지금까지 오랫동안 함께 하는 하나의 상징적인 물건이다.

논라는 단순히 머리에 쓰는 용도 외에 아주 다양하게 이용이 되는데, 햇빛을 막아주는 용도는 물론, 통풍이 잘되어 부채로도 사용되며 비 오는 날엔 간편하게 비를 막기 위한 도구로도 사용된다. 또한, 모자를 뒤집으면 폼이 넓어 간단히 과일이나 짐을 담을 수 있어, 시장에서는 이러한 용도로 쓰기도 한다. 그뿐만 아니라 베트남 전쟁 당시에는 총탄과 수류탄을 나르는 운반수단으로도 사용되었다는 이야기가 전해지기도 한다. 지금까지도 역시 논라는 농촌 지역에서 농사일을 할 때 흔하게 쓰는 모자이며, 도시 지역에서는 길거리의 상인들이 애용하고 있으며, 많은 여행객이 관광할 때에 쓰고 다니는 모습을 볼 수 있다.

이 논라는 그 정교함에 공장에서 만든 것으로 생각하기 쉽지만, 모든 제품이 대부분 수공예 작품으로 주재료인 잎을 말리고 엮는 과정을 모두 사람이 직접 만든다. 둥근 대나무 틀에 라꺼(lá cơ)라는 잎사귀를 말린 후 다시 판판하게 펴는 과정을 거쳐 실로 엮어 만드는데, 베트남에는 이 논라를 만드는 하나의 마을이 형성되어 있을 정도이다.

[논라를 만드는 모습] (사진: hanoi.vietnamplus.vn)

59 để + 동사

~하기 위해서

👆 **포인트 콕!**

- 전치사 để는 '~하기 위해서'라는 목적의 의미를 가지며 để의 뒤에는 항상 동사가 위치한다.

✋ **패턴 꽉!**

- **giữ sức khỏe**
  즈 　 슥 　 꽤   건강을 유지하다

- **để giữ sức khỏe**
  데 즈 슥 꽤   건강을 유지하기 위해서

- **Tôi tập thể dục để giữ sức khỏe.**   나는 건강을 유지하기 위해서 운동을 한다.
  또이 떱 　 테 　 쥼(윰) 데 즈 슥 꽤

단어   giữ 동 유지하다 | sức khỏe 명 건강 | tập thể dục 동 운동하다 | để 전 ~하기 위해서

✋ **어휘 더하기!**

để의 다양한 쓰임

để는 '~하기 위해서'의 전치사로의 쓰임 외에, 일반 동사로는 '두다', 사역동사로는 '대상으로 하여금 ~하도록 두다'의 뜻이 있다.

  - để + 물건 (~을 두다)

예 Tôi để từ điển ở nhà. 나는 집에 사전을 두고 왔다.

단어   từ điển 명 사전 | ở 전 ~에 | nhà 명 집

  - để + 대상 + 동사 (대상으로 하여금 ~하도록 두다)

예 Để tôi kiểm tra. 나로 하여금 체크해보도록 둬(내가 체크해볼게).

단어   kiểm tra 동 검사, 체크하다

Tôi đến Việt Nam để kinh doanh.
또이 뎬 비엔 남 데 낑 져아잉

나는 사업하기 위해 베트남에 왔다.

đến 통 도착하다 | kinh doanh 통 경영(사업)하다

Tôi gọi cho bạn để hỏi bài tập.
또이 거이 쩌 반 데 허이 바이 떱

나는 숙제를 물어보기 위해 친구에게 전화를 걸었다.

gọi cho 통 ~에게 전화를 걸다 | để 전 ~하기 위해 | hỏi 통 묻다 | bài tập 명 숙제

Anh ấy làm (việc) chăm chỉ để thăng chức.
아잉 어이 람 비엑 짬 찌 데 탕 쪽

그는 승진을 위해 열심히 일한다.

làm 통 일하다 | chăm chỉ 형 열심히 | thăng chức 통 승진하다

Tôi xem CNN để luyện tiếng Anh.
또이 쌤 CNN 데 루옌 띠엥 아잉

나는 영어를 훈련하기 위하여 CNN을 본다.

xem 통 시청하다 | luyện 통 훈련하다 | tiếng Anh 명 영어

Tôi ghé nhà chị ấy để mượn từ điển.
또이 개 냐 찌 어이 데 므언 뜨 디엔

나는 사전을 빌리기 위해 그녀의 집에 잠시 들른다.

ghé 통 잠시 들르다 | nhà 명 집 | mượn 통 빌리다 | từ điển 명 사전

Tôi mua hoa để trang trí.
또이 무어 호아 데 짱 찌

나는 장식하기 위해 꽃을 산다.

mua 통 사다 | hoa 명 꽃 | trang trí 통 장식하다

주어 + 동사 + với + 대상(명사)

~와 함께

60

👉 **포인트 콕!**

주어 + 동사 + với + 대상(명사)

- 전치사 với는 '~와 함께' 또는 '~에게'라는 의미를 가지며 뒤의 대상은 일반적으로 명사 성분이 위치한다.

✌️ **패턴 꽉!**

● **đi bơi**
디 버이

수영을 가다

● **đi bơi với bạn trai**
디 버이 붜이 반   짜이

남자친구와 함께 수영을 가다

● **Tôi đi bơi với bạn trai.**
또이 디 버이 붜이 반   짜이

나는 남자친구와 함께 수영을 간다.

단어 đi 동 가다 | bơi 동 수영하다 | với 전 ~와 함께 | bạn trai 명 남자친구

🖐️ **어휘 더하기!**

동사 + cùng + với ~ / cùng + 동사 + với : 함께 ~하다.

의미 강조를 위해 '같은', '~와 함께'의 뜻을 가진 부사 cùng이 함께 사용되기도 한다. 이때 cùng은 동사 앞,뒤 모두 사용할 수 있다.

예 Tôi đi dạo cùng với bạn trai. 나는 남자친구와 함께 산책한다.

단어 đi dạo 동 산책하다

Tôi có thói quen uống cà phê với sôcôla.

또이 꺼 터이 꽨 우옹 까 페 붜이 쏘꼴라

나는 초콜릿과 함께 커피를 마시는 습관이 있다.

thói quen 명 습관 | uống 동 마시다 | cà phê 명 커피 | sôcôla 명 초콜릿

Người Việt Nam ăn phở với rau thơm.

응어이 비엩 남 안 풔 붜이 쟈(라)우 텀

베트남 사람은 향채와 함께 쌀국수를 먹는다.

người 명 사람 | ăn 동 먹다 | phở 명 쌀국수 | rau thơm 명 향채

Cô ấy đi dạo với con chó.

꼬 어이 디 쟈(야)오 붜이 껀 쩌

그녀는 개와 함께 산책한다.

đi dạo 동 산책하다 | (con) chó 명 개

Anh ấy rất thân thiện với tôi.

아잉 어이 젙(럳) 턴 티엔 붜이 또이

그는 나에게 매우 친절하다.

rất 형 매우 | thân thiện 형 친절한

Tôi đi mua sắm với chị gái.

또이 디 무어 쌈 붜이 찌 가이

나는 누나(언니)와 함께 쇼핑을 간다.

đi 동 가다 | mua sắm 동 쇼핑하다 | chị gái 명 누나(언니)

Tôi lên xe buýt với hành lý nặng.

또이 렌 쌔 부읻 붜이 하잉 리 낭

나는 무거운 짐과 함께 버스를 탄다.

lên 동 오르다, 타다 | xe buýt 명 버스 | hành lý 명 짐 | nặng 형 무거운

61 bằng + 수단, 재료(명사)

~로써

포인트 콕!

- 전치사 bằng는 '~로', '~로써'라는 의미를 가지며, 뒤에는 수단이나 재료에 해당하는 명사 성분이 온다. 어떤 일의 방법이나 수단, 재료나 재질 등을 설명하기 위해 사용하는 구문이다.

패턴 꽉!

● **đi Hà Nội**
  디 하 노이

  하노이에 간다

● **đi Hà Nội bằng máy bay**
  디 하 노이 방 마이 바이

  비행기로 하노이에 간다

● **Tôi đi Hà Nội bằng máy bay.**
  또이 디 하 노이 방 마이 바이

  나는 비행기 타고 하노이에 간다.

단어 **đi** 동 가다 | **bằng** 전 ~로(써) | **máy bay** 명 비행기

어휘 더하기!

교통수단 표현하기

'~로 간다'는 표현을 하기 위해 전치사 bằng을 사용하여 '~đi bằng + 교통 수단명'으로 표현하기도 하지만, 단순히 'đi + 교통수단명'으로 표현하기도 한다.

예 Ⓐ Anh đi Hà Nội bằng gì? 형(오빠)은 하노이에 무엇으로 가요?

　　Ⓑ Tôi đi bằng máy bay. 나는 비행기로 간다.
　　　= Tôi đi máy bay.

문장 패턴

Tôi viết nhật ký bằng tiếng Anh.
또이 비엗 녇 끼 방 띠엥 아잉

나는 영어로 일기를 쓴다.

viết 동 쓰다 | nhật ký 명 일기 | tiếng Anh 명 영어

Tôi chụp hình bằng điện thoại di động.
또이 쭙 힝 방 디엔 토아이 지(이) 동

나는 핸드폰으로 사진을 찍는다.

chụp 동 (사진을) 찍다 | hình 명 사진 | điện thoại di động 명 핸드폰

Tôi trả bằng tiền mặt.
또이 짜 방 띠엔 맏

나는 현금으로 돈을 지불하다.

trả 동 지불하다 | tiền mặt 명 현금

Tôi muốn đổi tiền bằng tiền đô la.
또이 무온 도이 띠엔 방 띠엔 도 라

나는 달러로 환전하길 원한다.

muốn 동 원하다 | đổi tiền 동 환전하다 | tiền 명 돈 | đô la 명 달러

Nón lá làm bằng lá cây.
넌 라 람 방 라 꺼이

논라(베트남 삿갓 모자)는 나뭇잎으로 만든다.

nón lá 명 베트남 삿갓 모자 | làm 동 만들다 | lá 명 잎 | cây 명 나무

Đũa Việt Nam làm bằng tre.
두어 비엔 남 람 방 째

베트남 젓가락은 대나무로 만든다.

đũa 명 젓가락 | làm 동 만들다 | tre 명 대나무

62 ở + 장소(명사)

~에, ~에서

 포인트 콕!   ở + 장소(명사)

- ở는 전치사로써 '~에', '~에서'의 의미를 가지며 뒤에는 어떤 지역이나 장소에 해당하는 명사 성분이 온다.

패턴 꽉!

- **tiệm cà phê**   커피숍
  띠엠   까 페

- **ở tiệm cà phê**   커피숍에서
  어 띠엠   까 페

- **Tôi hẹn gặp anh ấy ở tiệm cà phê.**   나는 그를 커피숍에서 만나기로 약속했다.
  또이 핸   갑   아잉 어이 어 띠엠   까 페

단어   tiệm cà phê 명 커피숍 | ở 전 ~에(서) | hẹn 동 약속하다 | gặp 동 만나다

어휘 더하기!

만남과 헤어짐의 인사

다음은 만남과 헤어짐의 상황에서 사용할 수 있는 회화의 표현이다. 약속과 관련하여 일상 회화에 넣어 자연스럽게 사용할 수 있다.

만남의 인사	헤어짐의 인사
(Xin) chào + 상대호칭! 안녕하세요! 씬 짜오 Rất vui được gặp + 상대호칭 만나서 반가워요! 젿(럳) 부이 드억 갑	(Xin) chào + 상대호칭 안녕히 가세요! 씬 짜오 Tạm biệt. 잘가요! 땀 비엗 Hẹn gặp lại (sau). (나중에) 다시 만나요! 핸 갑 라이 싸우

Tôi rút tiền ở ngân hàng.

또이 줃(룯) 띠엔 어 응언 항

나는 은행에서 돈을 인출한다.

| rút tiền 통 (돈을) 인출하다 | ngân hàng 명 은행 |

Tôi mua máy vi tính ở trung tâm điện tử.

또이 무어 마이 뷔 띵 어 쭘 떰 디엔 뜨

나는 전자상가에서 컴퓨터를 산다.

| mua 통 사다 | máy vi tính 명 컴퓨터 | trung tâm 명 센터 | điện tử 명 전기 |

Tôi sống ở khu vực này lâu rồi.

또이 쏨 어 쿠 븍 나이 러우 죠(로)이

나는 이 지역에서 이미 오래 살았다.

| sống 통 살다 | khu vực 명 구역 | này 대 이 | lâu 형 오랜 | rồi 부 이미 ~인 |

Trái cây ở chợ này rất tươi.

짜이 꺼이 어 쪄 나이 졀(럳) 뜨어이

이 시장의 과일은 매우 신선하다.

| trái cây 명 과일 | chợ 명 시장 | này 대 이 | tươi 형 신선한 |

Hôm nay tôi ngủ một mình ở nhà.

홈 나이 또이 응우 몯 밍 어 냐

오늘 나는 집에서 혼자 잔다.

| hôm nay 명 오늘 | ngủ 통 자다 | một mình 형 혼자 | nhà 명 집 |

Tôi học thêm ở thư viện.

또이 흡 템 어 트 비엔

나는 도서관에서 공부를 더 한다.

| học 통 공부하다 | thêm 통 추가하다 | thư viện 명 도서관 |

63

cho + 대상(명사)
~을 위해

👉 **포인트 콕!**

• cho는 전치사로써 '~을 위해'의 의미를 가지며 뒤에는 그 대상에 해당하는 명사 성분이 온다.

✋ **패턴 꽉!**

● **gửi thư**
　그이　트
편지를 보내다

● **gửi thư cho ông bà**
　그이　트　쩌　옴　바
할아버지 할머니를 위해 편지를 보낸다

● **Tôi gửi thư cho ông bà.**
　또이　그이　트　쩌　옴　바
나는 할아버지 할머니께 편지를 보낸다.

단어 gửi 동 보내다 | thư 명 편지 | cho 전 ~을 위해 | ông 명 할아버지 | bà 명 할머니

✋ **어휘 더하기!**

cho의 다양한 쓰임

〈cho는 전치사의 쓰임 외에 다양한 의미를 가지고 있는 단어이며, 일반 동사로는 '주다', 사역동사로는 '~하도록 하다'의 뜻이 있다.

• cho + (대상) + 물건 (~을 주다)

　예 Giáo viên cho bài tập 선생님이 숙제를 주었다.

　　　　　　　　　　단어 giáo viên 명 선생님 | bài tập 명 숙제

　예 Anh cho tôi thực đơn. 저에게 메뉴를 주세요.

　　　　　　　　　　　　단어 thực đơn 명 메뉴

• cho + 대상 + 동사 (대상으로 하여금~하도록 하다)

　예 Cho em hỏi một chút. 저로 하여금 잠시 물어볼 수 있도록 해주세요. (잠시 질문하겠습니다.)

　　　　　　　　단어 hỏi 동 물어보다 | một chút 부 조금, 잠시

Tôi nấu cháo cho em bé.

또이 너우 짜오 쩌 엠 배

나는 아기를 위해 죽을 요리한다.

nấu 통 요리하다 | cháo 명 죽 | em bé 명 아기

Tôi viết thư cho bố mẹ.

또이 비엔트 쩌 보 매

나는 부모님을 위해(의역: ~께) 편지를 쓴다.

viết 통 쓰다 | thư 명 편지 | bố mẹ 명 부모님

Tôi mời các bạn cho tiệc mừng nhà mới.

또이 머이 깍 반 쩌 띠엑 믕 냐 머이

나는 집들이를 위해 친구들을 초대한다.

mời 통 초대하다 | tiệc mừng nhà mới 명 집들이

Tôi làm việc cho công ty Đài Loan.

또이 람 비엑 쩌 꼼 띠 다이 로안

나는 대만 회사를 위해(의역: ~에서) 일한다.

làm 통 일하다 | việc 명 일 | công ty 명 회사 | Đài Loan 명 대만

Tôi muốn đặt bàn cho 2 người.

또이 무온 닫 반 쩌 하이 응어이

나는 두 사람을 위한 테이블을 예약하고 싶다.

muốn 통 원하다 | đặt 통 예약하다 | bàn 명 테이블 | người 명 사람

Tôi sẽ gọi tắc xi cho anh.

또이 쌔 거이 딱 씨 쩌 아잉

나는 형(오빠)을 위해 택시를 부를 것이다.

gọi 통 부르다 | tắc xi 명 택시

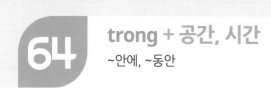

trong + 공간, 시간

~안에, ~동안

포인트 콕!

- trong은 전치사로써 어떤 공간 및 장소와 쓰일 때는 '~안'의 뜻을, 시간과 함께 쓰일 때는 '~동안'의 의미를 가진다.

패턴 꽉!

- **ngủ**
  응우

  자다

- **ngủ trong phòng**
  응우 쫌 폼

  방 안에서 자다

- **ngủ trong 2 tiếng**
  응우 쫌 하이 띠엥

  2시간 동안 잤다

- **Anh ấy ngủ trong phòng.**
  아잉 어이 응우 쫌 폼

  그는 방 안에서 잔다.

- **Anh ấy ngủ trong 2 tiếng.**
  아잉 어이 응우 쫌 하이 띠엥

  그는 2시간 동안 잤다.

단어 ngủ 동 자다 | trong 전 ~안에 | phòng 명 방 | tiếng 명 시간

어휘 더하기!

위치 표현

trong 외에도 확장하여 활용할 수 있는 다양한 위치 표현이 있으며, 몇몇 표현은 trong과 마찬가지로 시간 표현과 함께 결합하여 사용할 수 있다.

- trong (안) ↔ ngoài (밖)
- trên (위, ~이상) ↔ dưới (아래, ~미만)
- trước (앞, ~ 전) ↔ sau (뒤, ~후)
- (bên/phía) trái (왼쪽) ↔ (bên/phía) phải (오른쪽)
- bên cạnh (옆쪽)
- đối diện (맞은편)

Hai người đang nói chuyện trong phòng họp.

하이 응어이 당 너이 쭈옌 쫌 퐁 홉

두 사람은 회의실 안에서 이야기하고 있다.

người 명 사람 | nói chuyện 동 이야기하다 | phòng họp 명 회의실

Tôi để điện thoại di động trong nhà vệ sinh.

또이 데 디엔 토아이 지(이)동 쫌 냐 베 씽

나는 화장실 안에 휴대폰을 두고 왔다.

để 동 두다 | điện thoại di động 명 핸드폰 | nhà vệ sinh 명 화장실

Anh ấy kiểm tra số lượng trong nhà kho.

아잉 어이 끼엠 짜 쏘 르엉 쫌 냐 커

그는 창고 안의 수량을 체크한다.

kiểm tra 동 체크하다 | số lượng 명 수량 | nhà kho 명 창고

Tôi chờ tàu điện ngầm trong 5 phút.

또이 쩌 따우 디엔 응엄 쫌 남 풋

나는 5분 동안 지하철을 기다렸다.

chờ 동 기다리다 | tàu điện ngầm 명 지하철 | phút 명 분

Anh ấy suy nghĩ trong 1 tiếng.

아잉 어이 수이 응이 쫌 몯 띠엥

그는 1시간 동안 생각 중이다.

suy nghĩ 동 (깊이) 생각하다 | tiếng 명 시간

Tôi sẽ trở lại trong 1 tuần.

또이 쌔 쩌 라이 쫌 몯 뚜언

나는 일주일 안에 돌아올 것이다.

trở lại 동 돌아오다 | tuần 명 주

11장

"제안 / 금지 / 기원"을
나타내는 특정 표현

문화11 베트남의 주거문화

65) [명령, 제안] ~해라 / ~하자
66) [금지] ~하지 마라
67) [기원, 축하] ~을 기원해 / ~을 축하해

베트남?

문화 **11**   베트남의 주거문화

[선상 하우스의 모습] (사진 : s360s.com.vn)

베트남의 주거문화는 기후와 자연 환경적 영향을 많이 받은 편으로, 전통 주택을 살펴보면 열대지방의 특성에 따라 공기 순환이 잘되도록, 주로 천장은 높고 문은 넓게 지어졌다. 또한, 단단한 대나무를 주재료로 볏짚, 야자 잎 등을 활용하여 지었으며, 현재도 농촌 지역에는 이러한 형태의 집들이 많이 남아있다.

또한, 우리나라에서는 쉽게 볼 수 없는 선상 하우스도 전통 주택 중 하나로 강이나 바다를 중심으로 살아온 베트남 사람들에게는 배가 삶의 일부이자 전부였다고 한다. 많이 남아있지는 않지만, 현재까지도 선상 하우스에서 강물로 생활하며, 가축을 키우고 있는 모습을 볼 수 있다.

반면, 대도시 중심의 현대 주택건물은 이와는 다른 모습으로, 직사각형 형태의 집들이 빽빽하게 모여있는 것들을 볼 수 있다. 특히, 도로를 면한 주택을 쉽게 볼 수 있는데 이 경우 가로 3~4m, 세로 10~20m 길이 형태로 좁은 외형의 직사각형 형태로 설계되었으며 주택 간 거리도 매우 협소한 편이다. 이는 프랑스 식민 통치 때 인구 밀집 지역을 설계하

[대도시의 빽빽한 집들의 모습] (사진 : dantri4.vcmedia.vn)

는 과정에서 일률적으로 확정된 것이라 전해진다. 마당이 없이 도로에 바로 접한 형태이며, 1층은 주방 겸 거실, 2층 조부모실, 3층 부모방, 4층 아이들 거소 등으로 3대가 함께 살 수 있는 형태로 지어졌으나, 대도시 지역에서는 대부분 3~4층은 본인들이 사용하기 보다는 임대의 목적으로 이용하고 있다. 또한 1층은 식당이나 슈퍼 등을 겸하고 있는 모습도 흔하게 볼 수 있다.

현재는 하노이와 호찌밍 시를 중심으로 외곽 쪽에 공동 주택의 형태로 아파트와 빌라가 많이 지어지고 있으며, 높은 가격으로 인해 주로 베트남의 주요 부유층 및 외국인들이 많이 거주하고 있는 실정이다.

65

주어 + 동사 + đi / nhé!
[명령, 제안] ~해라 / ~하자

 포인트 콕!   주어 + 동사 + đi / nhé!

• đi와 nhé는 문장 끝에 사용하여 제안이나 명령 또는 가벼운 충고를 나타내는 조사이다. đi 보다는 nhé가 조금 더 가벼운 표현이며, đi는 주로 손아랫사람이나 동등한 관계에서 사용한다.

 패턴 꽉!

● **mặc thử**   입어보다
   막   트

● **mặc thử đi / nhé**   입어보세요
   막   트   디   녜

● **Chị mặc thử đi / nhé!**   누나(언니) 입어보세요!
   찌   막   트   디   녜

단어　mặc 동 입다 | thử 동 시도하다 | đi / nhé 조 (제안 또는 명령을 나타내는 조사)

어휘 더하기!

동사 + thử : ~하는 것을 시도하다

thử 는 '시도하다'라는 뜻을 가지며, 앞에 동사와 결합하여 앞의 행위에 대한 시도를 나타낸다.
예 Anh nếm thử nhé ! 맛보세요!

단어　nếm 동 맛보다

Em mở cửa sổ đi / nhé!
앰 머 끄어 쏘 디 네

창문을 열렴!

mở 동 열다 | cửa sổ 명 창문

Em tập trung học đi / nhé!
앰 떱 쭘 홉 디 네

집중해서 공부하렴!

tập trung 동 집중하다 | học 동 공부하다

Anh nhắn tin cho tôi đi / nhé!
아잉 냔 띤 쩌 또이 디 네

저에게 메시지 주세요!

nhắn tin 동 메세지하다 | cho 전 ~에게, ~을 위해

Chúng ta chuẩn bị làm đi / nhé!
쭘 따 쭈언 비 람 디 네

우리 일 할 준비를 하자!

chuẩn bị 동 준비하다 | làm 동 일하다

Chúng ta gói hành lý đi / nhé!
쭘 따 거이 하잉 리 디 네

우리 짐을 싸자!

gói 동 싸다 | hành lý 명 짐

Chúng ta gọi món đi / nhé!
쭘 따 거이 먼 디 네

우리 음식을 주문하자!

gọi 동 부르다, 주문하다 | món 명 음식

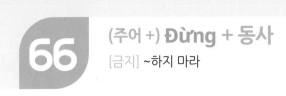

66

(주어 +) Đừng + 동사

[금지] ~하지 마라

포인트 콕!

(주어 +) Đừng + 동사

• 'đừng'은 금지를 나타내는 명령 표현으로 동사 앞에 위치한다. 주어가 앞에 오기도 하지만 명령형으로 생략하여 표현하는 것이 일반적이다.

패턴 꽉!

● **thuốc lá**　　　　　　　　　　　담배
　　투옵　　라

● **hút thuốc lá**　　　　　　　　　담배를 피다
　　훋　투옵　　라

● **Đừng hút thuốc lá!**　　　　　　담배 피우지 마라!
　　등　　훋　투옵　　라

단어　hút 동 흡입하다 | thuốc lá 명 담배

어휘 더하기!

가벼운 금지의 표현

'đừng' 보다 가벼운 금지의 표현으로 'không được'이 있으며, 〈주어 + không được + 동사〉의 어순으로 사용한다.

예 Anh chị không được mang đồ ăn vào. 여러분 음식물을 가지고 들어가면 안 돼요.

단어　mang 동 가지고 가다 | đồ ăn 명 음식물 | vào 동 들어오다

Đừng **ăn món béo nữa!**
등 안 먼 배오 느어

기름진 음식을 더 이상 먹지 마!

ăn 동 먹다 | món 명 음식 | béo 형 기름진 | nữa 부 더 이상

Đừng **xem tivi đến giờ muộn!**
등 쌤 띠비 덴 져(여) 무온

늦은 시간까지 TV를 보지 마!

xem 동 시청하다 | đến 부 ~까지 | giờ 명 시 | muộn 형 늦은

Đừng **chạy xe nhanh!**
등 짜이 쌔 냐잉

빠르게 운전하지 마라!

chạy 동 달리다 | xe 명 차 | nhanh 형 빠른

Đừng **tắt điện!**
등 땉 디엔

불을 끄지 마라!

tắt 동 끄다 | điện 명 전기

Đừng **sờ bằng tay!**
등 써 방 따이

손으로 만지지 마라!

sờ 동 만지다 | bằng 전 ~로써 | tay 명 손

Đừng **thêm đường nữa!**
등 템 드엉 느어

설탕을 더 이상 넣지 마라!

thêm 동 추가하다 | đường 명 설탕 | nữa 부 더 이상

Chúc + 대상 + 동사 / Chúc mừng + 명사

[기원, 축하] ~을 기원해 / ~을 축하해

- 'chúc'은 한자어 '빌 축'에서 온 단어로 어떤 일을 기원할 때 사용하는 구문이다. 또한, 뒤에 '축하하다'의 뜻을 가진 'mừng'을 함께 사용하면 축하 표현이 된다.

패턴 꽉!

- **thành công**   성공하다
  타잉   꼼

- **anh thành công**   형(오빠)는 성공하다
  아잉   타잉   꼼

- **Chúc anh thành công.**   형(오빠)이 성공하길 바라요.
  쭙   아잉   타잉   꼼

단어   thành công 동 성공하다

어휘 더하기!

그 밖에 기원의 표현

chúc을 사용한 표현 외에도 hy vọng (~을 희망한다), mong muốn(~을 바란다) 등을 사용하여 기원의 표현을 할 수 있다.

예 Tôi hy vọng (=mong muốn) anh có kết quả tốt.
    나는 형(오빠)이 좋은 결과가 있기를 희망한다(바란다).

단어   hy vọng 동 희망하다 | có 동 가지다 | kết quả 명 결과 | tốt 형 좋은

Chúc anh nhanh khỏi ốm.

쭙 아잉 냐잉 커이 옴

병이 빨리 낫길 바라요.

nhanh 형 빨리 | khỏi ốm 동 병이 낫다

Chúc may mắn.

쭙 마이 만

행운을 빌어요.

may mắn 형 행운의

Chúc Giáng sinh vui vẻ.

쭙 쟝 싱 부이 베

크리스마스 즐겁게 보내세요.

Giáng sinh 명 크리스마스 | vui vẻ 형 즐거운

Chúc bạn hạnh phúc!

쭙 반 하잉 풉

친구가 행복하길 기원해! (결혼 축하 시 사용할 수 있는 표현)

hạnh phúc 형 행복한

Chúc bạn thành công!

쭙 반 타잉 꼼

친구가 성공하길 기원해! (졸업 축하 시 사용할 수 있는 표현)

thành công 동 성공하다

Chúc mừng sinh nhật!

쭙 믕 씽 녇

생일 축하해요!

sinh nhật 명 생일

12장

A-B를 대등하게 또는
대조적으로 연결하는
"기본 접속사"

문화12 여성의 날이 두 번이나 있는 나라

68) [대등 접속사] 그리고

69) [대등 접속사] 또는

70) [대비 접속사] 그런데

71) [대조 접속사] 그러나

베트남?

문화 **12**   여성의 날이 두 번이나 있는 나라

(사진 : diennoaquangbinh.net)

오토바이와 매연으로 가득했던 거리가 꽃으로 가득 차는 날이 있다. 바로 우리에게는 조금 생소한 '여성의 날'이다. 한국에서는 여성의 날이 큰 의미 없이 지나가 버리지만, 베트남에서는 매우 성대하게 기념하는 것을 볼 수 있다. 특히 베트남에서는 여성의 날을 봄과 가을, 일 년에 두 번이나 기념하며 여자라면 이날만큼은 매우 특별하게 대우를 받고, 또 주변 지인들에게 꽃을 선물로 받는다.

이렇게 여성의 날을 두 번이나 기념하며, 여성들을 존중해 주는 데에는 베트남에서 여성의 역할이 역사적으로 매우 컸기 때문이라고 한다. 특히 프랑스 식민통치 기간에는 많은 여성이 프랑스에 항거하였고, 실제로 많은 전쟁에도 참여했으며, 10대들도 게릴라군에 입대하여 훈련받을 정도로 남자들 못지않게 여성들의 많은 희생이 있었다. 베트남에는 회자되는 많은 여성 영웅들이 있는데, 이들의 이름을 딴 거리가 13곳이나 될 정도로 역사적으로 여성의 활약이 대단했던 것으로 전해진다.

또한, 미국과의 전쟁 시기에는 여자들의 〈3가지 담당 운동〉이 있었는데, 여성들이 담당해야 할 것으로 '첫 번째로 가정을 담당하고, 두 번째로 생산을 담당하고, 세 번째로 전쟁에 필요한 무기와 식량 공급을 담당하자'는 슬로건을 가지고 진행되었다. 이처럼 긴 세월 동안 베트남 여성들은 가정에서의 역할뿐만 아니라 사회적 역할까지 함께 해왔다. 지금까지도 여성들의 사회에서 여성들의 역할과 활약은 매우 크며, 이에 대한 고마움과 존중의 의미로 일 년에 두 번, 세계 여성의 날인 3월 8일, 베트남 여성의 날인 10월 2일에는 축제와 같은 분위기로 여성들을 존중해주고 축하해주고 있다.

68

A và B
[대등 접속사] 그리고

 포인트 콕!

- và는 '그리고'의 뜻을 가지며 여러 대상을 대등하게 연결할 때 사용한다. 명사와 명사, 동사와 동사, 절과 절 등 다양하게 연결할 수 있으며, 만약 대상이 셋 이상인 경우, A, B và C처럼 맨 마지막의 항목 앞에 và를 넣어준다.

패턴 꽉!

- **thích**
  틱
  좋아하다

- **thích mùa xuân và mùa thu**
  틱   무어 쑤언 봐 무어 투
  봄과 가을을 좋아한다

- **Tôi thích mùa xuân và mùa thu.**
  또이 틱   무어 쑤언 봐 무어 투
  나는 봄과 가을을 좋아한다.

단어 thích 동 좋아하다 | mùa xuân 명 봄 | và 접 그리고 | mùa thu 명 가을

어휘 더하기!

계절 표현

mùa는 '계절'이라는 뜻을 가진다. 베트남의 북부는 4계절이, 남부는 2계절이 있으며 베트남에서는 날씨와 관련해 가볍게 일상회화를 하는 경우가 많으므로 기억하여 활용하면 도움이 된다.

mùa	xuân (봄)	mùa	mưa (우기)
	hè (hạ) (여름)		khô (건기)
	thu (가을)		
	đông (겨울)		

Màu trắng và màu đen bán nhiều nhất.

마우 짱 봐 마우 댄 반 니에우 녇

하얀색과 검은색이 가장 많이 팔린다.

màu trắng 형 흰색 | màu đen 형 검은색 | bán 동 팔다 | nhiều 형 많이 | nhất 부 가장 ~인

Hầu hết mọi người nghỉ thứ bảy và chủ nhật.

허우 헽 머이 응어이 응이 트 바이 봐 쭈 녇

대부분 사람은 토요일과 일요일에 쉰다.

hầu hết 형 대부분의 | người 명 사람 | nghỉ 동 쉬다 | thứ bảy 명 토요일 | chủ nhật 명 일요일

Tôi và bạn ấy đã quen nhau 5 năm rồi.

또이 봐 반 어이 다 꽨 냐우 남 남 죠(로)이

나와 그 친구는 서로 알게 된 지 5년 되었다.

đã 부 ~했다 | quen 동 (친구) 사귀다 | nhau 부 서로 | năm 명 년 | rồi 부 이미 ~인

Trái cây và rau rất tốt cho sức khỏe.

짜이 꺼이 봐 쟈(라)우 젇(럳) 똗 쩌 슥 쾌

과일과 야채는 건강에 매우 좋다.

trái cây 명 과일 | rau 명 야채 | rất 부 매우 | tốt 형 좋은 | cho 전 ~에 | sức khỏe 명 건강

Tháng 6 và tháng 12 có kỳ nghỉ.

탕 싸우 봐 탕 므어이하이 꺼 끼 응이

6월과 12월에 휴가가 있다.

tháng 명 월 | có 동 가지다, 존재하다 | kỳ nghỉ 명 휴가

Tôi mua một cái áo sơ mi và một cái váy.

또이 무어 몯 까이 아오 써 미 봐 몯 까이 봐이

나는 블라우스 하나와 스커트 하나를 산다.

mua 동 사다 | cái 명 개 | áo sơ mi 명 블라우스 | váy 명 스커트

69

A hay / hoặc B
[대등 접속사] 또는

포인트 콕!

- 베트남어의 기본 어순은 '주어+술어+보어'의 구조임을 기억한다.
- 베트남어의 기본 문장 골격은 〈주어+동사/형용사〉일 때와 〈주어+là명사〉일 때로 나누어진다.

패턴 꽉!

- **uống trà**   차를 마시다
  우옹   짜

- **uống trà hay cà phê**   차 또는 커피를 마시다
  우옹   짜   하이   까 페

- **Bạn muốn uống trà hay cà phê?**   너는 차 마실래 아니면 커피 마실래?
  반   무온   우옹   짜   하이   까 페

단어   muốn 동 원하다 | uống 동 마시다 | trà 명 차 | hay 접 또는 | cà phê 명 커피

어휘 더하기!

hay의 다양한 쓰임

hay는 다양한 쓰임을 가진 단어로, 다음과 같이 여러 의미를 가지고 있다.

- 형용사 : 잘하는, 멋진, 재밌는, 좋은
  예 Phim này hay lắm! 이 영화는 매우 재밌어!
- 빈도 부사 : 주어 hay 동사 (자주 ~한다)
  예 Tôi hay xem phim. 나는 자주 영화를 본다.
- 접속사 : A hay B (A 또는 B)
  예 Bạn muốn xem phim hay mua sắm? 영화 볼래 아니면 쇼핑할래?

Nghỉ hè tôi định đi Việt Nam hay / hoặc Thái Lan.

응이 해 또이 딩 디 비엗 남 하이 호악 타이 란

여름 방학에 나는 베트남이나 태국에 갈 예정이다.

| nghỉ hè 명 여름방학 | định 동 ~할 예정이다 | đi 동 가다 | Thái Lan 명 태국 |

Tôi muốn lấy màu xám hay / hoặc màu trắng.

또이 무온 러이 마우 쌈 하이 호악 마우 짱

나는 회색이나 흰색을 가져가길 원한다.

| muốn 동 원하다 | lấy 동 취하다 | màu xám 명 회색 | màu trắng 명 흰색 |

Nhiều người đi tắm biển Nha Trang hay / hoặc Vũng Tàu.

니에우 응어이 디 땀 비엔 냐 짱 하이 호악 붕 따우

많은 사람이 냐짱이나 붕따우로 해수욕을 간다.

| nhiều 형 많은 | người 명 사람 | đi 동 가다 | tắm biển 동 해수욕하다 |

Chị thích thịt heo hay thịt bò?

찌 틱 틷 헤오 하이 틷 버

언니(누나)는 돼지고기가 좋아요 아니면 소고기가 좋아요?

| thích 동 좋아하다 | thịt heo 명 돼지고기 | thịt bò 명 소고기 |

Anh đi học bằng xe máy hay xe buýt?

아잉 디 홉 방 쌔 마이 하이 쌔 부잇

오빠(형)는 오토바이로 학교 가요 아니면 버스로 가요?

| đi 동 가다 | học 동 공부하다 | bằng 부 ~로(써) | xe máy 명 오토바이 | xe buýt 명 버스 |

Em muốn làm bác sĩ hay phóng viên?

앰 무온 람 박 씨 하이 폼 뷔엔

너는 의사로 일하길 원하니 아니면 기자로 일하길 원하니?

| muốn 동 원하다 | làm 동 일하다 | bác sĩ 명 의사 | phóng viên 명 기자 |

~ còn (그런데)

[대비 접속사] 그런데

포인트 콕!

~ còn (그런데)

- còn은 접속사로 '그런데'의 뜻을 가지며 앞에 있는 것과 연관된 내용에 관해 대비하여 물어볼 때 사용한다. 이때에는 일반적으로 뒤의 서술 어구를 생략하여 말한다.

패턴 꽉!

● **anh**
　아잉

형(오빠)

● **Còn anh?**
　껀　　아잉

그런데 형(오빠)은요?

● **Tôi sống ở Hà Nội. Còn anh (sống ở đâu)?**
　또이 쏭　　어 하 노이　껀　　아잉　　쏭　　어 더우

저는 하노이에 삽니다. 그런데 형(오빠)은 (어디 살아요)?

단어 sống 동 살다 | ở 전 ~에 | còn 접 그런데

어휘 더하기!

평서문에서의 접속사 còn

còn이 평서문에서 사용될 경우 앞 내용과 대비하는 역할을 하며 역시 '그런데'로 해석한다.

예 Tôi thích phở bò. Còn anh ấy thích phở gà.

나는 소고기 쌀국수를 좋아한다. 그런데 그는 닭고기 쌀국수를 좋아한다.

단어 thích 동 좋아하다 | phở 명 쌀국수 | bò 명 소 | gà 명 닭

Tôi đi vào thứ bảy. Còn bạn (sẽ đi thứ mấy)?

또이 디 봐오 트 바이 껀 반 쌔 디 트 머이

나는 토요일에 가. 그런데 너는 (무슨 요일에 가니)?

đi 동 가다 | vào 전 ~에 | thứ bảy 명 토요일 | thứ 명 요일, ~번째 | mấy 의 몇

Tôi có con gái. Còn chị (có con trai hay con gái)?

또이 꺼 껀 가이 껀 찌 꺼 껀 짜이 하이 껀 가이

저는 딸이 있어요. 그런데 누나(언니)는 (아들이 있어요. 아니면 딸이 있어요)?

có 동 가지고 있다 | con gái 명 딸 | con trai 명 아들 | hay 접 또는

Bố tôi là bác sĩ. Còn bố bạn (làm nghề gì)?

보 또이 라박 씨 껀 보 반 람 응애 지

나의 아빠는 의사야. 그런데 너희 아빠는 (무슨 직업으로 일하니)?

bố 명 아버지 | bác sĩ 명 의사 | làm 동 일하다 | nghề 명 직업 | gì 의 무엇

Tôi đặt vé rồi. Còn bạn (đặt vé chưa)?

또이 닷 붸 죠(로)이 껀 반 닷 붸 쯔어

나는 표를 예약했어. 그런데 너는 (표를 예약했니)?

đặt 동 예약하다 | vé 명 티켓 | rồi 부 이미~인

Chuyên ngành của tôi là văn học Anh. Còn bạn (học chuyên ngành gì)?

쭈옌 응아잉 꾸어 또이 라봔 홉 아잉 껀 반 홉 쭈옌 응아잉 지

나의 전공은 영문학이야. 그런데 넌 (무엇을 전공으로 공부하니)?

chuyên ngành 명 전공 | văn học Anh 명 영문학 | gì 의 무엇

Tôi đang chơi game. Còn bạn (đang làm gì)?

또이 당 쩌이 게임 껀 반 당 람 지

나는 지금 게임 중이야. 그런데 넌 (무엇을 하고 있니)?

chơi game 동 게임하다 | làm 동 하다 | gì 의 무엇

71

A nhưng B

[대조 접속사] 그러나

📌 포인트 콕!

• nhưng은 '그러나'의 뜻을 가지며 A와 B가 서로 상반된 내용일 때 연결해주는 접속사로, 주로 절을 이어주는 역할을 한다.

✋ 패턴 꽉!

● **hơi đắng**　　　　　　　　　　　조금 쓰다
　　허이　당

● **nhưng hơi đắng**　　　　　　　그러나 조금 쓰다
　　느엉　　　허이　당

● **Cà phê thơm nhưng hơi đắng.**　　커피는 향기롭지만 조금 쓰다.
　　까　페　텀　　　느엉　　　허이　당

단어] cà phê 명 커피 | thơm 형 향기로운 | nhưng 접 그러나 | hơi 부 조금 | đắng 형 쓴

🖐 어휘 더하기!

맛의 표현

아래와 같은 다양한 맛의 표현이 있으며, '패턴 꽉!'에서의 표현처럼 앞의 주어 자리의 음식명만 바꾸면 다양하게 응용할 수 있다.

ngon	맛있다	dở	맛없다
mặn	짜다	nhạt	싱겁다
ngọt	달다	đắng	쓰다
cay	맵다	chua	시다
tươi	신선하다	thơm	향기롭다

예 Tôi thích món cay. 나는 매운 음식을 좋아한다.

Món này mặn lắm! 이 음식 너무 짜!

단어] món (ăn) 명 음식 | này 대 이 | lắm 부 매우

Tôi đến nhà anh nhưng **không thể gặp.**

또이 덴 냐 아잉 느엉 콤 테 갑

나는 오빠(형)의 집에 갔지만 만날 수 없었다.

> đến 동 도착하다 | nhà 명 집 | không thể 동 ~할 수 없다 | gặp 동 만나다

Món này hơi cay nhưng **ngon lắm.**

먼 나이 허이 까이 느엉 응온 람

이 음식은 조금 맵지만 매우 맛있다.

> món 명 음식 | hơi 부 조금 | cay 형 매운 | ngon 형 맛있는 | lắm 부 매우

Tôi đề nghị nhưng **bạn ấy không đồng ý.**

또이 데 응이 느엉 반 어이 콤 돔 이

나는 제안했지만 그 친구는 동의하지 않았다.

> đề nghị 동 제안하다 | đồng ý 동 동의하다

Nhà hàng nổi tiếng nhưng **phục vụ không tốt.**

냐 항 노이 띠엥 느엉 풉 부콤 똗

식당은 유명하지만 서비스가 좋지 않다.

> nhà hàng 명 식당 | nổi tiếng 형 유명한 | phục vụ 명 서비스 | tốt 형 좋은

Nhà máy nhỏ nhưng **có nhiều công nhân.**

냐 마이 녀 느엉 꺼 니에우 꼼 년

공장은 작지만 공장 직원이 많이 있다.

> nhà máy 명 공장 | nhỏ 형 작은 | có 동 존재하다 | nhiều 형 많은 | công nhân 명 공장 직원

Máy vi tính đó đẹp nhưng **dễ bị hỏng.**

마이 뷔 띵 도 댑 느엉 제(예) 비 홈

그 컴퓨터는 예쁘지만 고장 나기 쉽다.

> máy vi tính 명 컴퓨터 | đẹp 형 예쁜 | dễ 형 쉬운 | bị hỏng 형 고장난

13장

두 개의 접속사가 결합하여
만드는 "상관 접속사"

문화13 베트남의 가장 큰 명절 Tết (뗏)

72) A부터 B까지

73) A하기 때문에 B해요

74) A가 아니라 B에요

75) A와 B 모두

76) 만약 A하면 (그러면) B해요

77) 비록 A일지라도 (그러나) B해요

78) A하기도 하고 B하기도 해요

79) A할수록 B해요

80) A외에도 B도 해요

베트남?

| 문화 13 | 베트남의 가장 큰 명절 Tết (뗏) |

13 베트남의 가장 큰 명절 Tết (뗏)

(사진 : du-lich.chudu24.com)

베트남에도 역시 우리나라와 마찬가지로 Tết이라 불리는 설날이 있다. 중국의 영향을 받았기 때문에 역시 음력으로 설을 지낸다. 베트남에서의 Tết은 연중 가장 큰 명절로써 법정 휴일은 4일이지만 대부분 한 달 가까이 연휴를 보낸다. 이렇게 연휴 기간이 긴 날은 Tết이 명절 중 유일하게 쉬는 날이기 때문인데, 이 기간만큼은 공부나, 일의 목적으로 도시로 나와 있던 사람들이 고향으로 돌아가 가족들과 함께 즐겁게 시간을 보낸다. 우리나라와 마찬가지로, 버스나 기차표 등은 미리 예매해야 할 정도로 귀향길은 붐비며, 고향에 있는 가족에게 줄 많은 선물을 준비한다.

이 Tết 기간이 되면, 설 소식을 알리는 꽃으로 집집마다 북부는 복숭아나무, 남쪽은 매화나무 또는 감귤나무를 준비해 놓는데, 집뿐만 아니라 회사나 가게 등 어디에서든 볼 수 있어 설 기간이 다가왔음을 이 분홍 꽃과 노란 꽃으로 알 수 있다.

한편, 베트남이 어려웠던 시절, 이 Tết만큼은 원 없이 먹는다 하여, '설을 지낸다'라는 표현으로 ăn Tết(안 뗏)이라 말하며, 많은 명절 음식을 준비하여 함께 먹는다. 특히 찹쌀, 녹두, 돼지고기를 바나나 잎으로 싸서 만든 바잉 쯩, 바잉 뗏이라 불리는 떡 종류는 빠져서는 안 될 Tết을 대표하는 명절음식이다. 또

(사진 : media.lamsao.com)

한 닭고기도 역시 빠질 수 없는데, 닭을 한 마리 통으로 삶아 집집마다 있는 제단에 올려 제사를 지내며, 설 기간에는 조상을 모시는 제단에 항상 5가지 과일과 과자를 올려놓는다. 또한, 이 연휴 기간에는 친척이나 이웃들이 서로 방문하여, 준비해놓은 과자를 먹으며 담소를 나누는 풍습이 있다.

또, 설 풍습으로 우리와 비슷한 게 있다면 바로 세뱃돈 문화이다. 베트남에서는 Tiền lì xì(띠엔 리 씨)라고 부르며, 빨간 봉투에 돈을 넣어 준비하여 친척들이나 이웃 아이들에게 주고 덕담을 주고받는다.

72 từ A đến B
A부터 B까지

✍ **포인트 콕!**

- 'từ'는 '~로부터'의 뜻을, 'đến'은 '~까지'의 뜻을 가지며 결합하여 'A부터 B까지'의 뜻을 가진다. A와 B의 자리에는 시간과 장소 모두 사용할 수 있다.

✋ **패턴 꽉!**

- **hơi xa**　　　　　　　　　　　　조금 멀다
  허이　싸

- **đến đó hơi xa**　　　　　　　　그곳까지는 조금 멀다
  덴　더　허이　싸

- **Từ đây đến đó hơi xa.**　　　　여기서부터 그곳까지는 조금 멀다.
  뜨　더이　덴　더　허이　싸

단어　từ 분 ~ 부터 | đến 분 ~까지 | đây 대 여기, 이곳 | đó 대 거기, 그곳 | hơi 분 조금 |
xa 형 먼, 멀리 떨어진

✋ **어휘 더하기!**

거리 묻기

A부터 B까지의 떨어진 거리를 묻는 표현으로 '얼마나 먼'의 뜻을 가진 의문사 'bao xa'를 사용하여 다음과 같이 표현할 수 있으며, 앞서 배운 34강의 '~mất bao lâu'와 바꾸어 쓸 수 있다.

· Từ A đến B bao xa? A부터 B까지 얼마나 먼가요?

예 Ⓐ Từ đây đến đó bao xa? 여기서부터 거기까지는 얼마나 멀어요?

　　Ⓑ Hơi xa. Đi bộ mất 30 phút. 조금 멀어요. 걸어서 30분이 걸려요.

단어 đi bộ 동 걷다 | mất 동 걸리다 | phút 명 분

Từ nhà tôi đến trường rất gần.

뜨 냐 또이 덴 쯔엉 졀(럳) 건

내 집에서부터 학교까지는 매우 가깝다.

| nhà 집 | trường 학교 | rất 매우 | gần 가까운 |

Anh ấy làm việc từ thứ hai đến chủ nhật.

아잉 어이 람 비엑 뜨 트 하이덴 쭈 녓

그는 월요일부터 일요일까지 일한다.

| thứ hai 월요일 | chủ nhật 일요일 | làm 일하다 | việc 일 |

Từ sáng đến bây giờ tôi chưa ăn gì.

뜨 쌍 덴 버이 져(여) 또이 쯔어 안 지

아침부터 지금까지 나는 아직 무엇도 먹지 않았다.

| sáng 아침 | bây giờ 지금 | chưa 아직 ~하지 않은 | gì 무엇 |

Từ 4 giờ rưỡi đến 7 giờ là giờ cao điểm.

뜨 본겨 즈(르)어이 덴 바이 져(여) 라 져 까오 디엠

4시 반부터 7시까지가 러시아워 타임이다.

| giờ 시 | rưỡi 반 | cao điểm 절정 |

Mùa mưa kéo dài từ tháng 5 đến tháng 8.

무어 므어 깨오 쟈(야)이뜨 탕 남덴 탕 땀

우기는 5월부터 8월까지 지속된다.

| mùa 계절 | mưa 비 | kéo dài 라디오 | tháng 월 |

Tôi đọc hết từ trang một đến trang cuối.

또이 돕 헫 뜨 짱 몯 덴 짱 꾸오이

나는 1페이지부터 마지막 페이지까지 전부 읽었다.

| trang 페이지 | cuối 끝 | đọc 읽다 | hết 전부 ~하다 |

73 vì A nên B

A하기 때문에 B해요

포인트 콕!

- 'vì'는 '~하기 때문에'의 뜻을, 'nên'은 '그래서'의 뜻을 가지며, 두 단어가 결합하여 원인과 결과를 나타내는 'A 하기 때문에 (그래서) B 하다'의 뜻을 가진다.

패턴 꽉!

- **bật đèn**
  벋 댄
  불을 켜다

- **tối quá, nên bật đèn**
  또이 꾸아   넨   벋 댄
  매우 어둡고, 그래서 불을 켰다

- **Vì tối quá nên bật đèn.**
  뷔 또이 꾸아 넨   벋 댄
  매우 어두웠기 때문에 불을 켰다.

단어 bật 동 (불, 가스등) 켜다 | đèn 명 전등 | tối 형 어두운 | vì 접 ~이기 때문에 | nên 접 그래서

어휘 더하기!

다양하게 활용하기

Vì A nên B 구문은 원인과 결과의 위치를 바꾸어 또는 접속사를 하나 생략하여 다양하게 표현 가능하며, 화자가 중요하게 생각하는 것을 일반적으로 앞에 두어 표현한다. 또한, 결과를 앞에 두는 경우 〈sở dĩ + B + là vì + A : B 한 것은 A이기 때문이다〉로 표현하는 것을 참고한다.

- Vì A nên B : Vì tối quá nên bật đèn. 매우 어두웠기 때문에 불을 켰다.
  = B vì A : Tôi bật đèn vì tối quá.
  = A nên B : Tối quá nên tôi bật đèn.
  = Sở dĩ B là vì A : Sở dĩ tôi bật đèn là vì tối quá.

Vì bị tai nạn nên không thể tham gia.
뷔 비 따이 난 넨 콤 테 탐 쟈(야)

사고가 났기 때문에 참석할 수 없다.

(bị) tai nạn 동 사고 나다 | không thể 동 ~할 수 없다 | tham gia 동 참석하다

Vì rất mệt nên muốn nghỉ ở nhà.
뷔 젼(럳) 멭 넨 무온 응이 어 냐

매우 지쳐서 집에서 쉬길 원한다.

rất 부 매우 | mệt 형 지치는 | muốn 동 원하다 | nghỉ 동 쉬다 | ở 전 ~에서 | nhà 명 집

Vì là cặp sinh đôi nên rất giống nhau.
뷔 라 깝 씽 도이 넨 젼(럳) 좀(욤) 냐우

쌍둥이라서 서로 매우 닮았다.

là 동 ~이다 | cặp 명 쌍 | sinh đôi 형 쌍둥이의 | giống 형 닮은 | nhau 부 서로

Vì trời mưa to nên không đi ra ngoài.
뷔 쩌이 므어 떠 넨 콤 디 쟈(라) 응오아이

비가 많이 와서 밖에 나가지 않는다.

trời 명 날씨 | mưa 동 비오다 | to 형 큰 | không 부 ~이 아닌 | đi ra 동 나가다 | ngoài 명 밖

Vì thái mỏng nên ăn dễ.
뷔 타이 몸 넨 안 제(예)

얇게 썰었기 때문에 쉽게 먹을 수 있다.

thái 동 썰다 | mỏng 형 얇은 | ăn 동 먹다 | dễ 형 쉬운

Vì có nhiều người nên không thể tìm anh.
뷔 꺼 니에우 응어이 넨 콤 테 띰 아잉

사람이 많기 때문에 오빠(형)를 찾을 수 없다.

có 동 가지다 | nhiều 형 많은 | người 명 사람 | tìm 동 찾다

74 không phải là A mà là B
A가 아니라 B에요

포인트 콕! **포인트 콕!** không phải là A mà là B

- '그러나'의 뜻을 가진 접속사 'mà'에 의해 연결되는 구문이며, 앞의 정보가 아닌 뒤에 나오는 정보가 사실임을 표현하는 구문이다.

패턴 꽉!

- **là sinh viên** 대학생이다
  라 씽 비엔

- **mà là sinh viên** 그러나 대학생이다
  마 라 씽 비엔

- **không phải là học sinh mà là sinh viên**
  콤 퐈이 라 홉 씽 마 라 씽 비엔

  학생이 아니고 (그러나) 대학생이다

- **Tôi không phải là học sinh mà là sinh viên.**
  또이 콤 퐈이 라 홉 씽 마 라 씽 비엔

  나는 학생이 아니고 대학생이다.

단어 là 동 ~이다 | sinh viên 명 대학생 | mà 접 그러나 | học sinh 명 학생

어휘 더하기!

다양하게 활용하기

A가 아니라 B다의 뜻을 가진 〈không phải là A mà là B〉 구문은 B와 A의 위치를 바꾸어 표현할 수 있으며, 이때에는 확신의 뜻을 가진 chứ 을 활용하여 〈B chứ không phải là A〉라고 표현할 수 있다.

예 Tôi không phải là học sinh mà là sinh viên. 나는 학생이 아니고 대학생이다.
= Tôi là sinh viên chứ không phải là học sinh. 나는 대학생이야, 학생이 아니고.

Túi xách này không phải là **đồ thật** mà là **đồ giả.**

뚜이 싸익 나이 콤　퐈이 라 도 텉　마 라 도 쟈(야)

이 핸드백은 진짜가 아니라 가짜다.

| túi xách 몡 가방 | đồ 몡 물건 | thật 몡 진짜의 | giả 몡 가짜의 |

Anh ấy không phải là **cầu thủ** mà là **trọng tài.**

아잉 어이 콤　퐈이 라 꺼우 투 마 라 쫌　따이

그는 선수가 아니고 심판이다.

| cầu thủ 몡 선수 | trọng tài 몡 심판 |

Hai bạn ấy không phải là **vợ chồng** mà là **anh em.**

하이 반 어이 콤　퐈이 라 붜 쫌　마 라 아잉 앰

그 두 친구는 부부가 아니라 남매이다.

| vợ chồng 몡 부부 | anh em 몡 남매 |

Hình này không phải là **bây giờ** mà là **quá khứ.**

힝 나이 콤　퐈이 라 버이 져(여) 마 라 꾸아 크

이 사진은 지금이 아니라 과거이다.

| hình 몡 사진 | bây giờ 몡 지금 | quá khứ 몡 과거 |

Cái này không phải là **màu tím** mà là **màu đỏ.**

까이 나이 콤　퐈이 라 마우 띰 마 라 마우 더

이건 자주색이 아니고 빨간색이다.

| cái này 때 이것 | màu tím 몡 자주색 | mùa đỏ 몡 빨간색 |

Áo này không phải là **của tôi** mà là **của chị ấy.**

아오 나이 콤　퐈이 라 꾸어 또이 마 라 꾸어 찌 어이

이 옷은 나의 옷이 아니고 그녀의 옷이다.

| áo 몡 옷 | của 젠 ~의, ~의 것 |

cả A và B
A와 B 모두

포인트 콕!

- '전체'를 뜻하는 cả와 '그리고'의 뜻을 가진 접속사 'và'에 의해 연결되는 구문이며, A와 B 모두를 가리키며 강조할 때 사용하는 표현이다.

패턴 꽉!

- **thích câu cá**
  틱   꺼우 까
  낚시를 좋아한다

- **đều thích câu cá**
  데우 틱   꺼우 까
  모두 낚시를 좋아한다

- **Cả tôi và bạn tôi đều thích câu cá.**
  까 또이 봐 반 또이 데우 틱   꺼우 까
  나와 내 친구 모두 낚시를 좋아한다.

단어 thích 동 좋아하다 | câu cá 동 낚시하다 | đều 부 모두 | cả 형 전체의 | và 접 그리고

어휘 더하기!

cả 살펴보기

cả는 '~전체, ~모두'의 뜻을 가지나, 일반적인 의미 전체가 아니라 '하나의 집합 안에 있는 모든 구성요소'를 가리키기 위해 사용한다. 아래 예를 보면 쉽게 기억할 수 있다.
- cả ngày : 하루 종일 (아침 ~ 밤)
- cả tuần : 일주일 내내 (월요일 ~ 일요일)
- cả gia đình : 한 가족의 구성원 모두
- cả lớp : 한 교실의 구성원 모두

단어 ngày 명 날 | tuần 명 주 | gia đình 명 가족 | lớp 명 교실

Tôi muốn uống cả cà phê và sinh tố.

또이 무온 우옴 까 까 페 봐 씽 또

나는 커피와 과일 셰이크 모두 마시길 원한다.

muốn 통 원하다 | uống 통 마시다 | cà phê 명 커피 | sinh tố 명 과일 셰이크

Tôi xin nghỉ việc cả hôm nay và ngày mai.

또이 씬 응이 비엑 까 홈 나이 봐 응아이 마이

나는 오늘과 내일 모두 쉬는 것을 요청했다.

xin 통 요청하다 | nghỉ 통 쉬다 | việc 일 | hôm nay 명 오늘 | ngày mai 명 내일

Cả tháng một và tháng hai chị ấy đi công tác.

까 탕 못 봐 탕 하이 찌 어이 디 꼼 딱

1월과 2월 모두 그녀는 출장 간다.

tháng 명 월 | đi 통 가다 | công tác 명 출장

Nhà hàng đóng cửa cả thứ bảy và chủ nhật.

냐 항 덤 끄어 까 트 바이 봐 쭈 녇

식당은 토요일과 일요일 모두 문을 닫는다.

nhà hàng 명 식당 | đóng 통 닫다 | cửa 명 문 | thứ bảy 명 토요일 | chủ nhật 명 일요일

Cả tôi và anh ấy không yêu nữa.

까 또이 봐 아잉 어이 콤 이에우 느어

나와 그는 모두 더이상 사랑하지 않는다.

yêu 통 사랑하다 | nữa 부 더 ~한

Tôi chơi giỏi cả bóng đá và bóng rổ.

또이 쩌이 져(여) 까 봄 다 봐 봄 죠(로)

나는 축구와 농구 모두 잘한다.

chơi 통 운동하다 | bóng đá 명 축구 | bóng rổ 명 농구

76 nếu A (thì) B

만약 A하면 (그러면) B해요

포인트 콕!

- '만약 ~하면'의 가정을 뜻하는 접속사 'nếu'와 '그러면'의 뜻을 가진 접속사 'thì'가 함께 결합된 가정법 구문이다. A 자리에는 조건절이, B 자리에는 결과절이 오며, thì는 생략도 가능하다.

패턴 콕!

- **tôi sẽ rất vui** 나는 매우 기쁠 것이다
  또이 째 젓(럳) 부이
- **thì tôi sẽ rất vui** 그러면 나는 매우 기쁠 것이다
  티 또이 째 젓(럳) 부이
- **Nếu tuyết rơi thì tôi sẽ rất vui.** 만약 눈이 내리면, 나는 매우 기쁠 것이다.
  네우 뚜옛 져(러)이 티 또이 째 젓(럳) 부이

단어 nếu 접 만약~하면 | tuyết 명 눈 | rơi 동 떨어지다 | thì 접 그러면 | sẽ 동 ~할 것이다 | rất 부 매우 | vui 형 기쁜

어휘 더하기!

가정법 더하기

이루어질 가능성이 희박한 내용에 대해 가정을 하는 경우에는 〈Giá (mà) A thì B : 만약 A 하면 B 하다〉 구문을 사용하며, 또는 단순히 〈Giá (mà) ~〉 이루기 힘든 소망을 말하기도 한다.

예 Giá mà trúng số thì tôi mua xe. 내가 복권에 당첨된다면 차를 살 텐데…
Giá mà tôi trúng số! 내가 복권에 당첨된다면!

단어 giá mà 부 만약에 | trúng số 동 복권에 당첨되다 | mua 동 사다 | xe 명 차

Nếu đói thì ăn một miếng bánh mì nhé.
네우 더이 티 안 몯 미엥 바잉 미 녜

만약 배고프면, 빵 한 조각 먹어라.

đói 형 배고픈 | ăn 동 먹다 | miếng 명 조각 | bánh mì 명 빵

Nếu trả sách muộn thì sẽ bị phạt.
네우 쨔 싸익 무온 티 쌔 비 팓

만약 책을 늦게 반납하면, 벌금을 낼 것이다.

trả 동 반납하다 | sách 명 책 | muộn 형 늦은 | bị phạt 동 벌금을 내다

Nếu nhận tiền thưởng thì tôi sẽ mua xe ô tô mới.
네우 년 띠엔 트엉 티 또이 쌔 무어 쌔 오 또 머이

만약 보너스를 받는다면, 나는 새 자동차를 살 것이다.

nhận 동 받다 | tiền thưởng 명 보너스 | sẽ 동 ~할 것이다 |
mua 동 사다 | xe ô tô 명 자동차 | mới 형 새로운

Nếu đi bằng xe ôm thì rẻ và nhanh.
네우 디 방 쎄 옴 티 제(레) 봐 나잉

만약 오토바이 택시로 가면, 싸고 빠르게 갈 것이다.

đi 동 가다 | bằng 전 ~로(써) | xe ôm 명 오토바이 택시 | rẻ 형 저렴한 | và 접 그리고 | nhanh 형 빠른

Nếu thấy nóng quá thì mở máy lạnh.
네우 터이 놈 꾸아 티 머 마이 라잉

만약 덥다고 느끼면, 에어컨을 켜.

thấy 동 느끼다 | nóng 형 더운 | quá 부 매우 | mở 동 켜다 | máy lạnh 명 에어컨

Nếu kiểm tra email thì gọi cho tôi nhé.
네우 끼엠 짜 이메일 티 거이 쩌 또이 네

만약 이메일을 체크하면, 나에게 전화를 해줘.

kiểm tra 동 체크하다 | gọi 동 전화를 걸다 | cho 전 ~에게

77

tuy A nhưng B

비록 A일지라도 (그러나) B해요

포인트 콕!

- '비록 ~일지라도'의 가정을 뜻하는 접속사 'tuy'와 '그러나'의 뜻을 가진 접속사 'nhưng'이 함께 결합된 구문이다.

패턴 꽉!

● **tôi luôn tập thể dục**
또이 루온 떱 테 쥽(윱)

나는 항상 운동한다

● **nhưng tôi luôn tập thể dục**
느엉 또이 루온 떱 테 쥽(윱)

그러나 나는 항상 운동한다

● **Tuy không có thời gian nhưng tôi luôn tập thể dục.**
뚜이 콤 꺼 터이 쟌(얀) 느엉 또이 루온 떱 테 쥽(윱)

비록 시간은 없지만, 나는 항상 운동한다.

단어 tuy 접 비록 ~일지라도 | không 부 ~이 아니다 | có 동 가지고 있다 | thời gian 명 시간 | nhưng 접 그러나 | luôn 부 항상 | tập thể dục 동 운동하다

어휘 더하기!

다양하게 활용하기

- tuy A nhưng B 구문은 tuy 대신에 접속사 dù 또는 mặc dù로 바꾸어 쓸 수 있으며 의미 차이는 없다.

예 Tuy không có thời gian nhưng tôi luôn tập thể dục.
= Dù không có thời gian nhưng tôi luôn tập thể dục.
= Mặc dù không có thời gian nhưng tôi luôn tập thể dục.

Tuy ở xa nhưng chúng tôi liên lạc với nhau.

뚜이 어 싸 느엉 쭘 또이 리엔 락 버이 나우

비록 멀리 있지만, 우리는 서로 연락하며 지낸다.

ở 통 ~에 있다 | xa 형 먼 | nhau 부 서로 | liên lạc 통 연락하다 | với 전 ~와

Tuy hôm nay lạnh nhưng tôi sẽ đi ra ngoài.

뚜이 홈 나이 라잉 느엉 또이 쌔 디 쟈(라) 응오아이

비록 오늘 춥지만, 나는 밖에 나갈 것이다.

hôm nay 명 오늘 | lạnh 형 추운 | sẽ 통 ~할 것이다 | đi ra 통 나가다

Tuy bị thua nhưng chúng tôi hài lòng.

뚜이 비 투어 느엉 쭘 또이 하이 롱

비록 졌지만, 우리는 만족한다.

(bị) thua 통 지다 | hài lòng 형 만족하는

Tuy kiếm tiền nhiều nhưng anh ấy keo kiệt.

뚜이 끼엠 띠엔 니에우 느엉 아잉 어이 깨오 끼엣

비록 돈을 많이 벌지만, 그는 인색하다.

kiếm tiền 통 돈을 벌다 | nhiều 형 많은 | keo kiệt 형 인색한

Tuy khó nhưng anh ấy đã giải quyết.

뚜이 커 느엉 아잉 어이 다 쟈(야)이 꾸옏

비록 어렵지만, 그는 해결했다.

khó 형 어려운 | đã 통 ~했다 | giải quyết 통 해결하다

Tuy nghèo nhưng gia đình tôi hạnh phúc.

뚜이 응애오 느엉 쟈(야) 딩 또이 하잉 푹

비록 가난하지만, 우리 가족은 행복하다.

nghèo 형 가난한 | gia đình 명 가족 | hạnh phúc 형 행복한

78

vừa A vừa B

A하기도 하고 B하기도 해요

☞ **포인트 콕!**   vừa A vừa B

- 한 사물이나 사람이 두 가지 성질을 가지고 있음을 나타낼 때, 또는 동시 동작을 나타낼 때 사용하는 구문이며, A와 B 자리에는 동사와 형용사 모두 위치할 수 있다.

✋ **패턴 꽉!**

- **Chị ấy đẹp.**
  찌 어이 댑

  그녀는 예쁘다.

- **Chị ấy hiền.**
  찌 어이 히엔

  그녀는 착하다.

- **Chị ấy vừa đẹp vừa hiền.**
  찌 어이 브어 댑 브어 히엔

  그녀는 예쁘기도 하고 착하기도 하다.

단어   đẹp 형 예쁜 | hiền 형 착한

✌️ **어휘 더하기!**

유사 표현 살펴보기

- vừa A vừa B와 유사 표현으로 〈không những (chỉ) A mà còn B : A뿐만 아니라 B이기도 하다〉 구문이 있다.

예 Nhà hàng đó không những ngon mà còn phục vụ tốt.

그 식당은 맛있을 뿐만 아니라 서비스도 좋다.

단어   nhà hàng 명 식당 | đó 형 그 | ngon 형 맛있는 | phục vụ 명 서비스 | tốt 형 좋은

Cái này vừa rẻ vừa bền.

까이 나이 브어 재(래) 브어 벤

이것은 저렴하기도 하고 견고하기도 하다.

| cái này 때 이것 | rẻ 형 저렴한 | bền 형 견고한 |

Anh ấy vừa hát vừa nhảy múa.

아잉 어이 브어 핟 브어 냐이 무어

그는 노래하면서 춤춘다.

| hát 통 노래하다 | nhảy múa 통 춤추다 |

Cô ấy vừa trang điểm vừa nghe điện thoại.

꼬 어이 브어 짱 디엠 브어 응애 디엔 토아이

그녀는 화장하면서 전화를 받는다.

| trang điểm 통 화장하다 | nghe 통 듣다 | điện thoại 전화 |

Canh vừa cay vừa chua.

까잉 브어 까이 브어 쭈어

국은 맵기도 하고 새콤하기도 하다.

| canh 명 국 | cay 형 매운 | chua 형 신, 새콤한 |

Bố vừa ăn sáng vừa đọc báo.

보 브어 안 쌍 브어 돕 바오

아버지는 아침을 드시기도 하고 신문을 읽기도 한다.

| bố 명 아버지 | ăn 통 먹다 | sáng 명 아침 | đọc 통 읽다 | báo 명 신문 |

Hôm nay trời vừa u ám vừa lạnh.

홈 나이 쩌이 브어 우 암 브어 라잉

오늘은 날씨가 흐리기도 하고 춥기도 하다.

| hôm nay 명 오늘 | trời 명 날씨 | u ám 형 흐린 | lạnh 형 추운 |

79

càng A càng B
A할수록 B해요

포인트 콕!

- 어떤 대상 또는 일의 상태가 점진적으로 더해감을 나타내는 표현으로, A와 B 자리에는 동사와 형용사 모두 올 수 있다.

패턴 꽉!

● **thú vị**
   투　뷔

재밌다

● **càng thú vị**
   깡　　투　뷔

재밌어진다

● **càng học càng thú vị**
   깡　홉　깡　투　뷔

공부 할수록 재밌어진다

● **Tiếng Việt càng học càng thú vị.**
   띠엥　비엣　깡　홉　깡　투　뷔

베트남어는 공부할수록 재밌어진다.

단어　tiếng Việt 명 베트남어 | học 동 공부하다 | thú vị 형 재밌는

어휘 더하기!

날이 갈수록 ~

càng A càng B에서 파생된 구문을, A 자리에 '날'을 뜻하는 ngày가 오는 경우 '날이 갈수록 더 ~한다'는 표현이 되며, 〈càng ngày càng~〉 또는 〈ngày càng~〉으로 사용할 수 있다.

예　Cô ấy càng ngày càng đẹp. 그녀는 날이 갈수록 예뻐진다.
　　= Cô ấy ngày càng đẹp.

단어　đẹp 형 예쁜

Cô ấy càng **nhìn** càng **dễ thương.**

꼬 어이 깡 닌 깡 졔(예) 트엉

그녀는 볼수록 귀엽다.

| nhìn 통 보다 | dễ thương 형 귀여운 |

Thời tiết càng **ngày** càng **nóng.**

터이 띠엔 깡 응아이 깡 놈

날씨가 날이 갈수록 덥다.

| thời tiết 명 기후, 날씨 | nóng 형 더운 |

Việc đó càng **nghĩ** càng **bị căng thẳng.**

비엑 더 깡 응이 깡 비 깡 탕

그 문제는 생각할수록 스트레스받는다.

| việc 명 일 | đó 때 그 | nghĩ 통 생각하다 | bị căng thẳng 통 스트레스받다 |

Kinh tế Việt Nam càng **ngày** càng **phát triển.**

낑 떼 비엔 남 깡 응아이 깡 팔 찌엔

베트남 경제는 날이 갈수록 발전한다.

| kinh tế 명 경제 | ngày 명 날 | phát triển 통 발전하다 |

Anh ấy càng **gặp** càng **tốt.**

아잉 어이 깡 갑 깡 똗

그는 만날수록 좋다.

| gặp 통 만나다 | tốt 형 좋은 |

Quyển sách này càng **đọc** càng **xúc động.**

꾸옌 싸익 나이 깡 돕 깡 쑵 돔

이 책은 읽을수록 감동적이다.

| quyển 명 (책 종별사) | sách 명 책 | này 때 이 | đọc 통 읽다 | xúc động 형 감동적인 |

ngoài A còn B

A 외에도 B도 해요

포인트 콕!

- '~외에'의 뜻을 가진 **ngoài**와 '여전히 ~인'의 뜻을 가진 **còn**이 결합한 구문으로써, 한 가지일 외에 다른 일이 더 추가로 있을 때 사용한다.

패턴 꽉!

● **đi leo núi**　　　　　　　　　　　등산 갑니다
　　디　래오　누이

● **còn đi leo núi**　　　　　　　　　등산도 갑니다
　　껀　　디　래오　누이

● **Ngoài đi biển còn đi leo núi.**　　해변 가는 것 외에 등산도 갑니다.
　　응오아이　디　비엔　껀　　디　래오　누이

단어　ngoài 분 ~이외에 | đi 동 가다 | biển 명 해변 | còn 분 여전히 | leo núi 동 등산하다

어휘 더하기!

게다가 ~

Ngoài 를 단독으로 사용하여 〈ngoài ra ~ : 게다가 ~〉의 형태로 문장과 문장을 연결하여 어떠한 내용을 더 추가하는 접속사로 사용할 수 있다. 또한 같은 의미로 〈hơn nữa〉도 역시 사용할 수 있다.

예 Tôi đi biển. Ngoài ra (=Hơn nữa) tôi còn đi leo núi.
　나는 해변에 간다. 게다가 나는 산에도 간다.

단어　ngoài ra(=Hơn nữa) 접 게다가

Ngoài học tiếng Việt còn học tiếng Pháp.

응오아이 홉 띠엥 비엣 껀 홉 띠엥 팝

베트남어 공부 외에 프랑스어 공부도 한다.

học 동 공부하다 | tiếng Việt 명 베트남어 | tiếng Pháp 명 프랑스어

Ngoài dùng tiền đồng còn dùng tiền đô la.

응오아이 쯤(윰) 띠엔 돔 껀 쯤(윰) 띠엔 도 라

동화를 사용하는 것 외에 달러도 사용한다.

dùng 동 사용하다 | tiền 명 돈 | đồng 명 동(베트남 화폐단위) | đô la 명 달러

Ngoài làm thông dịch còn làm phiên dịch.

응오아이 람 톰 직(익) 껀 람 퓌엔 직(익)

통역 외에 번역도 한다.

làm 동 하다 | thông dịch 동 통역하다 | phiên dịch 동 번역하다

Ngoài học chăm chỉ còn chơi thể thao giỏi.

응오아이 홉 짬 찌 껀 쩌이 테 타오 져(여)이

공부를 열심히 하는 것 외에도 운동도 잘한다.

học 동 공부하다 | chăm chỉ 형 열심히 | chơi thể thao 동 운동하다 | giỏi 형 잘하는

Ngoài bán thực phẩm còn bán đồ lưu niệm.

응오아이 반 특 펌 껀 반 도 루 니엠

식품을 파는 것 외에도 기념품도 판다.

bán 동 팔다 | thực phẩm 명 식품 | đồ lưu niệm 명 기념품

Ngoài gửi thư quốc tế còn gửi thư trong nước.

응오아이 그이 트 꿉 떼 껀 그이 트 쫌 느억

국제우편 보내는 것 외에 국내 우편도 보낸다.

gửi 동 보내다 | thư 명 편지 | quốc tế 명 국제 | trong nước 명 국내

MEMO

MEMO

내 인생   첫 번째   베트남어

내첫베

80패턴

베트남어회화